Huber, Kegel, Speck-Hamdan (Hrsg.)

Einblicke in den Schriftspracherwerb

1. Auflage Druck 5 4 3 2 1
Herstellungsjahr 2002 2001 2000 1999 1998

© Westermann Schulbuchverlag GmbH, Braunschweig 1998

Lektorat: Eva Engel, Jürgen Fröchling
Herstellung: Petra Hahn, Kathrin Hanne
Titelgestaltung: Andrea Heissenberg
Druck: westermann druck GmbH, Braunschweig

ISBN 3-14-162035-0

Inhaltsverzeichnis

Ludowika Huber / Gerd Kegel / Angelika Speck-Hamdan

Vorwort

Die moderne Gesellschaft orientiert sich in praktisch allen Bereichen an der Schriftsprache. Auch die unseren Alltag zunehmend dominierende Kommunikations-, Informations- und Unterhaltungstechnologie ist auf die Beherrschung der Schrift abgestellt. Denn selbst wenn diese Technik nicht auf das Lesen und Schreiben, sondern wie ein ISDN-Telefon oder ein moderner Videorekorder auf Sprechen, Hören oder Sehen abzielt, muss man sich zunächst mit höchst komplizierten Installations- und Gebrauchsanweisungen befassen. Arbeitsplätze, die ohne gute Kenntnisse der Schriftsprache besetzbar wären, werden zunehmend seltener. Allein das Vordringen der Computer in den Produktions- und Dienstleistungssektor verbannt Menschen mit Schreib- und Leseproblemen in eher diskreditierte, von Rationalisierung bedrohte Restsegmente des Arbeitsmarktes.

Störungen im Schriftspracherwerb zeichnen sich meist in der zweiten Grundschulklasse deutlich ab. In der Mehrheit der Fälle erfolgt keine Intervention – in der Hoffnung, dass diese Kinder in den folgenden Schuljahren den Anschluss noch finden würden. Diese Hoffnung erfüllt sich meist nicht. Sobald nun Entscheidungen über die weitere Schullaufbahn anstehen, werden Kinder aus ehrgeizigen Elternhäusern über Nachhilfe und therapeutische Maßnahmen mit wechselndem Erfolg individuell gefördert. Insgesamt fällt die Bilanz recht negativ aus, da je nach Bundesland zwischen fünf und zwölf Prozent der Jugendlichen (mehr als 70.000 pro Jahr in Deutschland) die Schule ohne Abschluss verlassen. Diese beängstigende Zahl erklärt sich zu einem großen Teil aus der mangelhaften Beherrschung der Schriftsprache.

Ein ähnlich düsteres Bild ergibt sich bei der Betrachtung der Erwachsenen. Neben einer unbekannten Zahl vollständiger Analphabeten werden nach einer OECD-Studie in der deutschen Bevölkerung etwa fünfzehn Prozent funktionale Analphabeten geschätzt. Diese Menschen können gerade noch einfache Überschriften entziffern, scheitern aber meist schon beim Erfassen kleiner Texte oder dem Ausfüllen eines Formulars. Die Volkshochschulen bieten Kurse für erwachsene Analphabeten an. Nach Auskunft der Kursleiter wird damit ein mühevoller, jahrelanger Lernprozess gestartet. Vom Einzelnen verlangt eine solche Entscheidung, trotz ungewissen Ausganges, extreme Disziplin und die Zurückstellung sonst selbstverständlicher Lebensbedürfnisse.

Eine gundsätzliche Verbesserung dieser Situation verlangt eine Neuorientierung in der Anfangsphase des Schriftspracherwerbs, also in den ersten Klassen der Grundschule. Bei der immer wieder anstehenden Überarbeitung von Unterrichtsplänen und Unterrichtseinheiten sollten die Angebote der hier forschenden Wissenschaftsdisziplinen angenommen werden. Der Dialog zwischen den Welten der Forschung, der Administration und der Praxis mag zwar manchmal strapaziös ausfallen, ist diese Anstrengung aber allemal wert.

Schrift- und Spracherwerb ist ein höchst komplexes und nachdenklich stimmendes Thema. Lange schon gab es Menschen – intelligent und sozial organisiert, wie die uns gebliebenen Kulturzeugnisse zeigen –, aber es gab noch keine Schrift. Verglichen mit der Geschichte der Menschheit ist die Geschichte der Schrift in ihren vielfältigen Formen nur kurz, einige tausend Jahre. Und fast über die ganze Zeit ihrer Existenz war Schrift nur wenigen Eingeweihten vorbehalten. Erst in der Neuzeit kam die Forderung auf, jeder Mensch sollte Schreiben und Lesen lernen. Diese Forderung konnte bis heute nicht erfüllt werden.

Kein Einzelner ist in der Lage, beim Blick auf dieses Problem alle relevanten Gesichtspunkte, Perspektiven und Handlungskonsequenzen zu erkennen. Jeder ist geprägt durch seine Ausbildung und seine gesellschaftliche Funktion. In diesem Band geht es um die Sammlung berechtigter Sichtweisen und die mit ihnen verknüpften Erkenntnisse wie Forderungen. Die Spannbreite der hier vertretenen Perspektiven reicht von der Bildungspolitik über die Schulpraxis hin zur Grundlagenforschung.

Dieses Buch dokumentiert den Beginn einer fruchtbaren Diskussion zwischen den involvierten Institutionen wie den forschenden Wissenschaftsdisziplinen. Neurologie, Psychologie, Pädagogik, Linguistik und Psycholinguistik treten in Kontakt und präsentieren ihre Ergebnisse in praxisorientierter Form. Selbstverständlich können hier immer nur einzelne Aspekte herausgehoben und behandelt werden – ein Anspruch auf Vollständigkeit ist mit diesem Buch nicht verknüpft. Trotzdem meinen die Herausgeber, dass die hier vorgestellten Beiträge zumindest die Konturen eines Gesamtbildes zur Schrift und zum Schriftspracherwerb erkennen lassen.

Peter Igl

Schriftspracherwerb im Spiegel der Lehrpläne

Lehrplanvorgaben - Erfahrungen - offene Fragen

„Das Interesse, Lesen und Schreiben zu lernen, ist abhängig davon, ob Schreiben und Lesen vom Kind über die mündliche Sprachverwendung hinaus als notwendig und sinnvoll empfunden werden. In Konkurrenz zu den elektronischen Kommunikations-, Informations- und Unterhaltungsmedien, die mühelosen Konsum ermöglichen, stellt sich der Schule damit eine schwierige Aufgabe." (Hessischer Rahmenplan 1995)

Abb. 1

Orientierungshilfe bekommen die Lehrerinnen und Lehrer von den Lehrplänen und Rahmenrichtlinien, die auf der Grundlage wissenschaftlicher Erkenntnisse und praktischer Erfahrungen Ziele und Inhalte für die Unterrichtspraxis vorgeben.

Die für den Schriftspracherwerb relevanten Lernbereiche Lesen, Schreiben und Rechtschreiben werden in den meisten Lehrplänen aus Gründen der Übersichtlichkeit und fachdidaktischen Prägnanz getrennt dargestellt, doch bleibt die Forderung bestehen diese Lernbereiche in der Unterrichtspraxis zu vernetzen.

1. Lehrplanvorgaben

Im Bereich „Erstlesen" besteht in den Lehrplänen der sechzehn Bundesländer große Übereinstimmung. Das zeigt sich sowohl in der Zielsetzung, Lesefreude zu vermitteln und die Lesemotivation zu erhalten, als auch in der Aufgabe, den Schwerpunkt des Lesenlernens nicht nur auf die Lesetechnik sondern auf die „von der Sinnerwartung gesteuerte Sinnentnahme" zu legen.

Als Leselehrmethode wird das methodenintegrierende Verfahren gefordert, bei dem analytische und synthetische Vorgehensweisen zusammenwirken und die verschiedenen Sprachelemente von Anfang an zu berücksichtigen sind. Methodisch einseitige Verfahren (rein synthetische oder extrem ganzheitliche) sind ausgeschlossen, nur in Schleswig-Holstein kann laut Lehrplan „in begründeten Ausnahmefällen auf Antrag die untere Schulaufsicht das einzelheitliche Verfahren zulassen." In den neuen Rahmenplänen von Hessen und Mecklenburg-Vorpommern wird der Schriftspracherwerb als „aktiv-entdeckender Problemlöseprozess" bezeichnet, der sich „mit unterschiedlichen kognitiven Strategien" und, in Hessen, an den „eigenen Wörtern" vollzieht.

Während im Lehrplan von Schleswig-Holstein noch „drei Leseausgangsschriften in Betracht kommen, die Gemischtantiqua, die Lateinische Ausgangsschrift und die Primarschrift", wird in den anderen Lehrplänen die Druckschrift als „besonders geeignet" empfohlen oder verpflichtend vorgeschrieben. Zur Begründung wird angeführt, dass die Druckschrift den Kindern in ihrer Umwelt am häufigsten begegnet und sich durch eine klare Gliederung auszeichnet, die das Auffassen und Einprägen der Schriftzeichen erleichtert.

Im Bereich „Erstschreiben" unterscheiden sich die Lehrpläne teilweise in den Zielsetzungen auf Grund der unterschiedlichen Interpretation des Schreibbegriffes. Dieser wird entweder weiter (Einbeziehung der Sinnkomponente) oder enger (Betonung des Formgestaltungsaspektes) gefasst. Übereinstimmend wird jedoch die kommunikative Funktion des Schreibens im Anfangsunterricht betont, die bei Verwendung der Druckschrift frühzeitig zu verwirklichen sei. Daher wird bereits in mehreren Lehrplänen auch im Schreiben die

Druckschrift als Erstschrift gefordert oder als besonders geeignet bezeichnet *(vgl. Übersicht)* und mit der leichten Erlernbarkeit der Schrift, dem gleichen Zeichensystem wie im Erstlesen (wechselseitiger Stützeffekt) und der Förderung der Feinmotorik (Hilfe beim anschließenden Erlernen der verbundenen Schrift) begründet.

Als *verbundene Schrift* werden seit der Wiedervereinigung folgende Varianten im Anschluss an die Druckschrift (DS) oder als Erstschrift angeboten:
die Lateinische Ausgangsschrift (LA), die Vereinfachte Ausgangsschrift (VA) und die Schulausgangsschrift (SAS), die seit 1968 in der ehemaligen DDR verwendet wurde.
Die Schulausgangsschrift hat ähnliche Großbuchstaben wie die Vereinfachte Ausgangsschrift, während ihre Kleinbuchstaben denen der Lateinischen Ausgangsschrift gleichen.

Zur Zeit bestehen in den einzelnen Bundesländern auf der Grundlage der Lehrpläne für die Grundschule (GS) und aktueller Informationen der Kultusministerien (jeweils zitiert) folgende Regelungen bezüglich der Erst- und Ausgangsschriften:

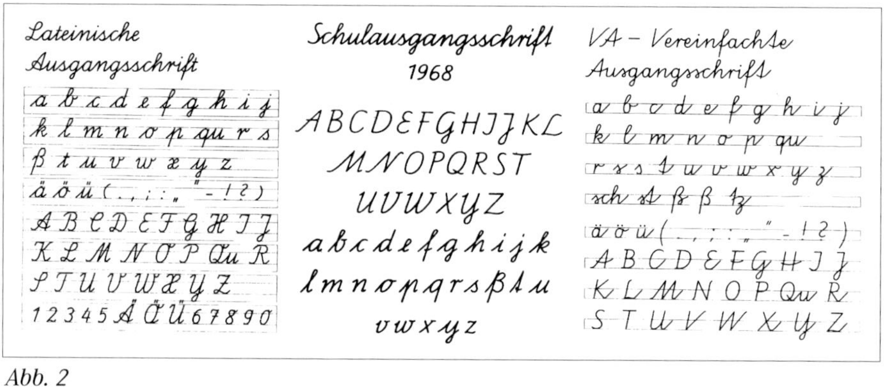

Abb. 2

Baden-Württemberg (Bildungsplan für die GS 1994):
Die DS ist Erstschrift (kein systematischer Lehrgang), die anschließende verbundene Schrift ist freigestellt (LA, VA, SAS).

Bayern (Lehrplan GS 1981):
Die DS ist Erstschrift, es schließt sich die LA an. Im „weiterführenden Schreiben" der 2. - 4. Jahrgangsstufe können Buchstaben der VA als Wahlformen verwendet werden.

Berlin (Vorläufiger Rahmenplan GS 1988):
Die DS ist als Erstschrift besonders geeignet, dann folgt die SAS;
wird mit der SAS begonnen, muss die DS nachgeholt werden.

Brandenburg (Rahmenplan Deutsch für die GS 1991):
Wahl zwischen DS oder SAS (analog Berlin).

Bremen (Lehrplan Deutsch GS 1984):
„Die Regel ist LA, Klassenkonferenz kann Einführung der VA beschließen."
Die DS kann als Erstschrift verwendet werden.

Hamburg (Lehrpläne Lesen und Schreiben im Erstunterricht 1982):
Die DS ist Erstschrift, als verbundene Schrift folgt die LA oder die SAS.
„Bevorzugt wird die SAS nach der Druckschrift."

Hessen (Rahmenplan GS 1995):
Die DS ist Erstschrift, als verbundene Schrift folgt die VA.

Mecklenburg-Vorpommern (Rahmenplan GS Deutsch 1996):
Die DS ist Erstschrift, anschließend folgt die SAS oder die VA.

Niedersachsen (Rahmenrichtlinien für die GS Deutsch 1984):
Erstschrift: Wahl zwischen LA, VA und DS; bei DS nach einer angemessenen Zeit Überführung in die verbundene Schrift.

Nordrhein-Westfalen (Richtlinien und Lehrpläne für die GS 1985):
Wahl zwischen DS, LA und VA (vgl. Niedersachsen).

Rheinland-Pfalz (Lehrplan Deutsch GS 1984):
Erst- und Ausgangsschrift ist die LA.
„Die Einführung der VA kann im Einvernehmen mit Schulelternbeirat und Klassenkonferenz erfolgen.
Zur Stützung des Leselehrgangs kann Druckschrift im Vorlauf zur verbundenen Schrift eingesetzt werden."

Saarland (Vorläufiger Lehrplan Deutsch 1991):
„Zum kommenden Schuljahr ist die Druckschrift Erstschrift"; die verbundene Schrift anschließend ist freigestellt, der SAS wird der Vorzug gegeben.

Sachsen (Lehrplan GS Deutsch 1992):
Die SAS ist Erst- und Ausgangsschrift. (Im Laufe der Grundschulzeit Erlernen der DS, um z.B. Formulare ausfüllen zu können.)

Sachsen-Anhalt (Rahmenrichtlinien GS Deutsch 1993):
Die SAS ist Erst- und Ausgangsschrift, DS vgl. Sachsen.

Schleswig-Holstein (Lehrplan Deutsch Vorklasse und Grundschule 1978):
Die LA ist Erst- und Ausgangsschrift.

Thüringen (Vorläufiger Lehrplan für die GS Deutsch 1993):

Die DS wird als Erstschrift empfohlen („liegt in der päd. Verantwortung des jeweiligen Lehrers"), es schließt sich die SAS an oder umgekehrt.
Bei positiver Entscheidung der Schulkonferenz VA statt SAS.

Der Bereich „Rechtschreiben" soll gemäß den Lehrplanzielen eng mit dem Lesen- und Schreibenlernen verbunden werden, denn „für leserbezogenes Schreiben ist eine möglichst sichere Beherrschung der Rechtschreibung notwendige Voraussetzung." (Niedersächsische Rahmenrichtlinien)
Im Bildungsplan von Baden-Württemberg finden wir den Hinweis: „Die Entdeckung des Systems und der Funktion der Orthographie verlangt Experimentierfreude auf der Grundlage einer geschulten Wahrnehmung wie beim Lesen- und Schreibenlernen."
In nahezu sämtlichen Lehrplänen wird der Aufbau eines klassen-, schul- oder jahrgangsbezogenen Grundwortschatzes empfohlen mit der Begründung, dass eine rechtschriftliche Sicherung eines begrenzten Wortschatzes, der vor allem die Kriterien der Kindgemäßheit und Gebrauchshäufigkeit erfüllt, erfolgreicher sei als das weniger gründliche Üben möglichst vieler Wörter.
Letzten Endes gilt für den Bereich „Rechtschreiben" jedoch folgende Aussage: „Das Erlernen und Einüben des normgerechten Schreibens ist ein vielschichtiger Vorgang, der mit dem Lesen- und Schreibenlernen beginnt und bis zum Ende der Grundschulzeit noch nicht abgeschlossen ist." (Lehrplan des Landes Brandenburg)

2. Erfahrungen mit dem Schriftspracherwerb

Die Umsetzung der Lehrplanvorgaben stellt Lehrerinnen und Lehrer vor die schwierige Aufgabe, die Ausgangslage der Schulanfänger richtig einzuschätzen, um Lernprozesse erfolgreich zu initiieren.
So gelingt es beispielsweise manchen Schulanfängern noch nicht Sprache distanziert zu betrachten, um die lautliche Seite von der inhaltlichen trennen zu können - eine wichtige Vorausetzung für den Schriftspracherwerb.

Abb. 3

Das Staatsinstitut für Schulpädagogik und Bildungsforschung (ISB) in München befragte Lehrerinnen und Lehrer, die seit mindestens zehn Jahren mit dem bayerischen Lehrplan arbeiten, zu ihren unterrichtspraktischen Erfahrungen mit dem Schriftspracherwerb. Sie wurden gebeten Möglichkeiten zur Weckung und Erhaltung der Lese- und Schreibfreude zu nennen sowie Probleme beim Leselernprozess, beim Schreiben mit Druck- bzw. verbundener Schrift und bei der rechtschriftlichen Arbeit mit dem Grundwortschatz aufzuzeigen.

Die Antworten ergaben, dass die Lehrerinnen und Lehrer die Öffnung des Unterrichts und die Möglichkeit der Freiarbeit nutzen um stärker auf die individuellen Bedürfnisse der Schulanfänger beim Schriftspracherwerb eingehen zu können.

So wird das Einrichten einer Leseecke, in der Bilderbücher, unterschiedlich gestaltete Texte, von Schülern hergestellte „Geschichten" sowie Arbeitsmittel und Spiele, die zum selbständigen Lesen und Lernen herausfordern, als besonders lesemotivierend bezeichnet. Als weitere Anreize, Lesefreude zu wecken und zu erhalten, werden selbst geschriebene Rätsel, Informationen, „Anzeigen", Einladungen und ähnliche Mitteilungsformen, die an einer Pinnwand oder „Lesesäule" angeheftet werden, genannt. Auch das ständige Bewusstmachen des Leseerfolges wie „Diese Buchstaben kenne ich schon!" oder „Das kann ich schon lesen!" trägt, nach übereinstimmender Ansicht der Lehrerinnen und Lehrer, zur Stärkung der Lesemotivation bei.

Um Lesefreude langfristig zu erhalten haben sich feste Lese- und Vorlesezeiten im Unterricht sowie Projektwochen mit Buchausstellungen bewährt. Folgender Ausspruch einer Lehrerin weist auf den sicher entscheidenden Faktor hin: „Die Schüler müssen merken, dass Lesen dem L e h r e r viel bedeutet, dass dieser selbst gern liest."

Der *Leselernprozess* vollzieht sich nach Aussagen der Lehrerinnen und Lehrer nicht ohne Probleme. Die akustische Analyse, Identifikation und Diskrimination von Lauten bereitete vielen Kindern Schwierigkeiten. Häufig wurden ähnlich klingende Laute, z.B. die Vokale a und o oder die Konsonanten m – n, b – p, d – t, g – k, verwechselt. Das Heraushören von Lauten aus Wörtern gelingt nur am Wortanfang gut, im Wortinnern dagegen wesentlich schwerer, insbesondere wenn die phonetische Ausprägung der Vokale vom Normallaut abweicht. Hier stellt sich die Frage, ob phonologische Prozesse gezielter gefördert werden müssen.

Auf der Stufe der *Synthese* stellten die befragten Lehrerinnen und Lehrer übereinstimmend unterschiedliche Voraussetzungen und Zugriffsweisen bei den Schülern fest. Folgende Probleme wurden beim Erlesen von Wörtern genannt: Manche Kinder erraten das Wort nur auf Grund des Anfangsbuchstabens, andere haben beim Zusammenlesen mehrerer Buchstaben Schwierigkeiten; daneben gibt es Schülerinnen und Schüler, die zwar lesetechnisch die Wörter richtig erlesen, aber den Sinn nicht erfassen. Als Hürde erweist sich nach Ansicht der befragten Lehrerinnen und Lehrer auch die Fixierung nur auf das zu lesende Wort, so dass ein wortübergreifendes Lesen nicht möglich ist und die Sinnerwartung gestört wird.

Aus diesen Beobachtungen leitet sich folgende Frage ab: Welche unterschiedlichen Zugriffsweisen haben die Schülerinnen und Schüler beim Syntheseprozess und wie können diese wirksam berücksichtigt werden?

Die Erfahrungen mit dem Einsatz des Computers sind noch sehr gering, doch wurde von den Lehrerinnen und Lehrern die Frage geäußert, ob der Computer eine wirksame Hilfe beim Schriftspracherwerb sei.

Im Bereich „*Erstschreiben*" fordert der bayerische Lehrplan als Erstschrift die Druckschrift und ab Februar/März die Lateinische Ausgangsschrift, die „nicht durch Verbinden von Druckbuchstaben gewonnen werden darf."

Um Schreibfreude zu wecken eignen sich nach Ansicht der befragten Lehrerinnen und Lehrer vor allem reale Schreibanlässe. Diese lassen sich mit der Druckschrift schon frühzeitig umsetzen, so dass Schreiben einen Sinn erhält und für die Kinder motivierend ist. Auch das

Bereitstellen eines noch leeren Buches, das eingespannte Blatt in einer Schreibmaschine, eine Schülerdruckerei oder ein Computer besitzen für die Kinder hohen Aufforderungscharakter sich schriftlich zu äußern. Ein Klassenbriefkasten oder die Lesesäule regen ebenfalls an, kurze Informationen, Wünsche, Meinungen u.ä. aufzuschreiben und tragen dazu bei Schreibfreude zu erhalten. Letzten Endes, so wird übereinstimmend berichtet, unterstützt die ständige Wertschätzung der Schrift und des Geschriebenen durch die Lehrerin oder den Lehrer die Schreibmotivation und führt zu einer *buchstäblichen* Verbesserung.

Während sich die Druckschrift als Erstschrift nach einstimmiger Meinung der befragten Lehrerinnen und Lehrer bewährt hat, bereitet die Lateinische Ausgangsschrift, die gegen Ende des Druckschriftlehrgangs eingeführt wird, Probleme. Bei den Kleinbuchstaben hemmen bereits die Deckstriche und die unterschiedlichen Buchstabenverbindungen einen zügigen Bewegungsablauf. Die zahlreichen Drehrichtungswechsel, die noch häufiger bei den Großbuchstaben auftreten, begünstigen Verformungen und erfordern eine bei manchen Schülern noch nicht trainierte Koordination von Wahrnehmung der Schriftzeichen und deren Umsetzung in Bewegung. Zunehmendes Schreibtempo, ohne bereits die Bewegungsformen ausreichend automatisiert zu haben, führt in der 2. Klasse oft zu Verfallserscheinungen, insbesondere bei schwierigen Buchstabenverbindungen.

So ergeben sich hier Fragen nach einer günstigeren verbundenen Ausgangsschrift, nach wirksamen Hilfen für die Automatisierung von Schreibbewegungen und nach Möglichkeiten, die Koordination von Wahrnehmung und Bewegung zu verbessern.

Für das *Rechtschreiben* hat sich nach den Erfahrungsberichten der Lehrenden die Druckschrift positiv ausgewirkt, da ihre Binnenstruktur bei den Schülern eine bessere Durchgliederung der Wörter ermöglicht. Nach Beobachtungen der befragten Lehrerinnen und Lehrer zeigen allerdings Schüler mit graphomotorischen Schwierigkeiten häufig rechtschriftliche Unsicherheiten und neigen, vor allem bei Wörtern mit mehr als vier Buchstaben, eher zu Buchstabenverwechslungen und -auslassungen. So stellt sich auch im Bereich des Rechtschreibens die Frage nach Verbesserungsmöglichkeiten graphomotorischer Schreibvollzüge.

Es ist zu überlegen, wie im Zeitalter der Arbeitsblätter die Schüler wieder stärker zum Schreiben gebracht werden können, denn nach *Glöckel* (vgl. *Schorch* 1995) lernt man gerade Rechtschreiben durch Schreiben. Daher stellt sich hier die Frage: Gibt es eine Merkfähigkeit der Hand und - wenn ja - wie kann diese verbessert werden?

3. Offene Fragen zum Schriftspracherwerb

Die aus den Erfahrungen und Beobachtungen der Lehrer abgeleiteten Fragen an die Fachwissenschaft und Fachdidaktik sollen an dieser Stelle noch einmal zusammengefasst werden:

- Wie können phonologische Prozesse wirksamer gefördert werden?

- Welche unterschiedlichen Zugriffsweisen haben die Schüler beim Syntheseprozess und wie können diese adäquat berücksichtigt werden?

- Kann der Computer eine wirksame Hilfe beim Schriftspracherwerb sein oder hemmt er eher?

12

- Welches ist die günstigste verbundene Ausgangsschrift (insbesondere unter dem Gesichtspunkt, dass weniger Zeit zur Verfügung steht als früher)?

- Wie kann die Automatisierung von Schreibabläufen bei Schülern mit schreibmotorischen Schwächen verbessert werden?

- Wie kann die Koordination von Wahrnehmung und Bewegungsablauf beim Schreiben trainiert werden?

- Gibt es eine „Merkfähigkeit" der Hand und - wenn ja - wie kann diese verbessert werden?

Antworten der Wissenschaft und Forschung sollten in neuen Lehrplänen Eingang finden, um bisherige Hürden beim Schriftspracherwerb abzubauen.

Literatur

Bergk, Marion: Rechtschreibenlernen von Anfang an, Frankfurt a.M. 1987

Bethlehem, Gerhard: Praxis des Lesenlernens, Düsseldorf 1984

Haarmann, Dieter (Hrsg.): Handbuch Grundschule, Bd. 2, Weinheim 1994[2]

Heuß, Gertrud, E: Erstlesen und Erstschreiben, Donauwörth 1993

Schorch, Günther (Hrsg.): Schreibenlernen und Schriftspracherwerb, Bad Heilbrunn 1995

Lehrpläne und Lehrplanauszüge der 16 Bundesländer Deutschlands

Abb. 4

Paul Bélanger

Aufgaben der Bildungsarbeit einer nicht nur globalen, sondern auch multikulturellen Gesellschaft

Dieser Beitrag umreißt die Problemsicht einer weltweit orientierten Bildungspolitik unter drei Gesichtspunkten: Erstens befindet sich die Menschheit heute an einem Scheideweg, da sich die Erwartungen auf ein stetiges Wirtschaftswachstum und die damit einhergehende Ausweitung der Grundbildung nicht erfüllt haben; hier hat sich die vorherrschende Meinung tiefgreifend geändert. Zweitens müssen die Konzepte der Alphabetisierung im Rahmen des heute zu fördernden lebenslangen Lernens neu überdacht werden. Drittens wird eine von der UNESCO geleitete internationale Konferenz neue Impulse zur Erwachsenenbildung geben.

1. Das Ende der vorherrschenden Fortschrittsideen

Die Risiken eines unbegrenzten Wirtschaftswachstums zwingen alle Gesellschaftsformen, ihre bisher eingeschlagenen Wege zu überdenken, so auch das globale Ziel des Wohlfahrtsstaates und der mit ihm verbundenen „Grundbildung" aller Menschen. Die Kluft zwischen dem Norden und dem Süden der Welt hat sich nicht überbrücken lassen und in der globalisierten Welt der internationalen Kommunikation wird das Problem der Chancenungleichheit immer virulenter. Wirtschaftswachstum ohne neue Arbeitsplätze, zunehmende Umweltzerstörung, dramatische Unterschiede im Einkommen, in der Gesundheitsversorgung und in der Bildung fordern neue Visionen für die Zukunft der Menschheit.

Die Pro-Kopf-Ausgaben der Industrieländer für die Bildungseinrichtungen lagen 1990 bei 3000 US $, die der am wenigsten entwickelten Länder unter 50 US $. In den Industrieländern stellen die öffentlichen Bibliotheken pro 1000 Einwohner fast 500 Bücher bereit, in den Entwicklungsländern durchschnittlich 60 und in den Ländern südlich der Sahara nur 20. Die demographische Entwicklung – beschleunigtes Bevölkerungswachstum und fortschreitende Verstädterung – wird diese Verhältnisse noch verschlechtern. Eine Milliarde Menschen werden im Jahre 2010 in Indien, im Jahre 2020 in Afrika leben.

Eine effektive schriftliche Kommunikation muss alle Mitglieder einer Gesellschaft einbeziehen. Die Entwicklung der schriftlichen Kommunikation in den unterschiedlichen Gesellschaftsformen zeigt unterschiedliche Alphabetisierungsformen, denn Alphabetisierung ist kein einheitliches kulturelles Phänomen. Bildung für Alle muss nicht die gleiche Bildung für Jeden bedeuten, auch wenn diese Ansicht weit verbreitet ist und einige Länder dies mit politischen Maßnahmen durchsetzen wollen. Bildung für Alle kann auch Chancengleichheit für Alle bedeuten, die Möglichkeit für Jeden, seine Kommunikationsfähigkeiten dem Milieu und der Kultur ent-

15

sprechend zu entwickeln – dies ist die universale Dimension des UN-Weltprojektes „Bildung für Alle (EFA)".

Neue Zukunftsvisionen müssen auf die multikulturelle, die vielfarbige Kreativität setzen. Die Zukunft kann nicht auf dem alten Traum aufgebaut werden, Verschiedenheiten ließen sich zu einem einzigen einförmigen Modell des gebildeten Staatsbürgers verschmelzen. Gefordert ist der Dialog zwischen den unterschiedlichen Mitgliedern heutiger Gesellschaften, die man als „Regenbogengemeinschaften" bezeichnen könnte. Gefragt sind neue Formen der Solidarität zwischen sozialen Gruppen und Generationen der einzelnen Länder sowie zwischen Ländern und Weltreligionen.

2. Alphabetisierung und lebenslanges Lernen

Bildung kann nicht mehr ausschließlich die von der Schule vermittelte Grundbildung für Kinder bedeuten. Die Lösung der weltweiten Probleme wie Umweltzerstörung, Krankheiten und Rassismus ist zu dringlich, um auf die nächste Generation verschoben zu werden. Aus diesem Grund sind Erwachsenenalphabetisierung und Erwachsenenlernen aktuelle Forderungen der OECD und der UNESCO. Alphabetisierung ist eine alle Generationen umfassende Strategie mit den zwei Ansätzen Initialgrundbildung und Elterngrundbildung. Obwohl jüngste Untersuchungen einen deutlichen Bedarf in der Elterngrundbildung festgestellt haben, haben die Weltbank und die Industrieländer hier bisher keine Priorität gesetzt.

Bildung ist mehr als Erziehung, sie hängt eng mit den Lernumgebungen zusammen. Menschen leben in unterschiedlichen kulturellen Kontexten, die

mehr oder weniger förderlich für kreatives Lernen sind. Ohne Möglichkeiten zur schriftlichen Kommunikation, ohne tägliche Anregungen durch das geschriebene Wort, ohne Kontakt zur Dichtung wird eine junge Generation keine funktionale und kreative alphabetisierte Gemeinschaft aufbauen können. So gehören zum erweiterten Umfeld der Bildungspolitik heute die Medien und das Ziel, eine Vielfalt von Meinungen und Anschauungen zu bewahren.

Alphabetisierungspolitik wird nur dann effizient sein, wenn Alphabetisierungsarbeit und Alphabetisierungsumwelt gemeinsam entwickelt werden. Die vorherrschende Vorstellung von Bildung muss qualitativ erweitert werden, damit Lernmöglichkeiten für jedes Alter und jede Lernumwelt angeboten werden können. Qualität meint hier nicht nur die effiziente Vermittlung allgemein anerkannter Werte und Fähigkeiten, sondern ebenso die Entwicklung von Autonomie und Kreativität beim Lernenden.

3. Die Internationale Konferenz über Erwachsenenbildung

Nach fünf Vorbereitungstreffen der Regionen Afrika, Asien und Pazifik, Lateinamerika und Karibik, Arabische Staaten und Europa findet 1997 in Hamburg die Fünfte von der UNESCO geleitete Weltkonferenz über Erwachsenenbildung statt. Eines der Schwerpunktthemen der Konferenz ist das Recht auf Alphabetisierung und Grundbildung mit den Einzelaspekten:
- gesellschaftliches Anliegen der Erwachsenenalphabetisierung,
- außerschulische Bildungsarbeit für Jugendliche,
- wachsende Anforderungen an Schreib-, Lese- und Rechenfähigkeiten,

16

- steigender Bedarf nach breiter Grundbildung in Entwicklungs- und Industrieländern,
- Mehrsprachigkeit und Alphabetisierung in den Muttersprachen,
- Schriftsprache in der Lebenswelt,
- mündliche und schriftliche Traditio-
  nen,
- Beziehung zwischen institutionalisicr-
  ter und nicht-institutionalisierter Bildung,
- Beziehung zwischen Grund- und Wei-
  terbildung.

Auf dieser Konferenz wird Erwachsenenlernen als Instrument des „Empower-
ment" diskutiert werden – als Weg zur
Schaffung neuer Möglichkeiten, als Gele-
genheit, sich Gleichmacherei zu wider-
setzen und neue Identitäten aufzubauen,
als Recht und Anspruch für alle, als
Vergnügen, als Wert an sich. Als Ergebnisse werden angestrebt:

- Vorschläge zu künftigen Ansätzen
  und Prioritäten in der Bildungspolitik,
- Schaffung neuer Netzwerke,
- Vorschläge zu Kooperationen und Fol-
  geaktivitäten,
- Verabschiedung einer Erklärung zur
  Erwachsenenbildung,
- Entwicklung eines auf Nation und Re-
  gion ausgerichteten Zukunftspro-
  gramms.

Das schwierige Zusammenspiel zwischen Pluralität und Universalität, zwischen kulturellen Unterschieden und sozialer Gleichheit ist eines der kritischen
Gesellschaftsthemen unserer Zeit. Es
genügt nicht, global zu denken und zu
handeln; es genügt nicht, global zu denken und lokal zu handeln. Lokale Aktio-
nen werden einen hohen Preis kosten,
wenn die globale Arena, der politische
Raum „anderen überlassen wird.

Wege zu Schrift und Kultur

Ein Gemeinschaftsprojekt des UNESCO-Instituts für Pädagogik und der Schulbehörde Hamburg

Überall in der Welt, in Afrika, Amerika,
Asien und Europa, drücken täglich Mil-
lionen von Kindern oft sehr gelangweilt
die Schulbank. Lernen aber kann nicht
stattfinden und nicht nachhaltig wirksam sein ohne echte Motivation. Motivation, Spaß oder Neugier können nur entstehen, wenn der Lernprozess den Lernenden etwas bedeutet, wenn sie persönlich beteiligt sind und ihre eigenen
Ideen, Gefühle und ihre Phantasie ein-
bringen können.

Das UNESCO-Institut für Pädagogik
(UIP) und die Schulbehörde der Freien
und Hansestadt Hamburg haben vor einigen Jahren ein internationales Projekt
begründet, das Wege aufzeigen möchte
der Kreativität von Kindern und Jugendlichen freien Lauf zu lassen. Der Titel
dieses Projekts ist „Kreativität, Kultur
und Grundbildung. Unkonventionelle
Wege zu Schrift und Kultur – besonders
für Kinder und Jugendliche aus sozial
schwachem Milieu".

Hypothese dieses Projekts ist, dass es
möglich ist, Kinder und Jugendliche in
allen Kulturkreisen der Welt durch Be-
gegnungen mit Kunst – wie z. B. Malerei,

Musik, Tanz, Geschichtenerzählen oder Theaterspiel – zum schöpferischen Selbstausdruck anzuregen und auf diese Weise ihre Kreativität und Freude am Lesen und Schreiben, am Lernen zu wecken.

Die Teilnehmer dieses Projekts kommen aus Deutschland, Griechenland, Italien, Kuba, Russland und Südafrika. Sie alle haben in Projekten in ihren Ländern versucht, das elitäre Verständnis von Kreativität und Wissensproduktion zu hinterfragen – wenn auch auf unterschiedliche Art und Weise, geprägt von unterschiedlichen kulturellen und politischen Kontexten und gestützt auf unterschiedliche theoretische Ansätze, wie beispielsweise auf die Gestaltpsychologie im deutschen, *Wygotsky* und *Piaget* im griechischen, *Resnick* und *Wygotsky* im kubanischen oder *Freire* und *Giroux* im südafrikanischen Projekt.

Das deutsche Projekt soll hier ein wenig ausführlicher dargestellt werden. Das seit einigen Jahren von der Schulbehörde Hamburg und deren Institut für Lehrerfortbildung betreute Hamburger **Projekt „Wege zu Schrift und Kultur"** bildet Ausgangspunkt und wesentliches Kernstück des internationalen Gemeinschaftsprojektes von UIP und Schulbehörde.

Ziel des Projektes „Wege zu Schrift und Kultur" ist es, für Kinder, Jugendliche und Erwachsene mit Schwierigkeiten im Bereich des Lesens und Schreibens motivierende Anstöße zu finden, die ihnen individuelle Zugänge zur Schrift und hierüber hinaus zu (inter-) kulturellen Inhalten ermöglichen.

Gerade Menschen mit Schreibproblemen und entsprechenden Misserfolgserlebnissen sollten die Möglichkeit haben, die Möglichkeit haben

zu entdecken, dass Schreiben und Lesen etwas für sie persönlich Bedeutsames und Sinnvolles ist. Hierzu müssen ihnen vielfältige Gelegenheiten und Anregungen gegeben werden, damit sie über etwas schreiben können, das sie selbst emotional berührt und anspricht.

Ein leeres Blatt reicht häufig noch nicht aus, um die Phantasie der Schreibenden ausreichend zu stimulieren, es kann vielmehr bei bereits bestehenden Schreibschwierigkeiten und psychischen Schreibblockaden zusätzliche Ängste auslösen. Es gilt vielmehr, geeignete Schreibanregungen zu finden, die diesen Prozess initiieren können, ohne hierbei zuviel vorzustrukturieren und eigene Einfälle zu blockieren.

In seinen theoretischen Grundlagen bezieht sich das Projekt auf die Ganzheits- und Gestaltpsychologie (Leipziger Schule). Nach der Hypothese, die dem Konzept zugrunde liegt, vollzieht sich der schöpferische Prozess bei der Arbeit mit den Schreibanregungen über das Betrachten, das Weitergestalten der Bildvorlage bis hin zum Schreiben frei ausgedachter Geschichten. Die enge Verknüpfung von Bildbetrachtung mit Malen und Schreiben soll die Entwicklung von Einfällen anregen und unterstützen. Auf diese Weise kann mit dem vorgegebenen Bild als Ausgangspunkt für individuelle Ideen und die eigene Gestaltung eine Brücke gebaut werden zum allmählichen Verfassen eigener Gedanken.

In der Ganzheits- und Gestaltpsychologie wird hierbei von einem aktualgenetischen Prozess gesprochen, der sich von Vorgestalt zu Vorgestalt entwickelt. Die Schreibanregungen haben vorgestalthaften Charakter, d.h. sie initiieren Phantasieprozesse und regen zum eigenen Gestalten an.

Ein großes und im Raum Schule bisher zu wenig ausgeschöpftes Potential, Kinder zum Entwickeln eigener Phantasien in Bild und Schrift anzuregen, liegt in der **bildenden Kunst**.

Dies sind z.B. Bilder von Paul Klee oder Picasso, Skizzen von Leonardo da Vinci. Die Kinder können in diese Bilder selbst hineinmalen, sie nach ihren Vorstellungen weitergestalten und eine Phantasiegeschichte zu dem so veränderten Bild aufschreiben.

Als Schreibanregung eignet sich Kunst aus aller Welt.

Anstöße zum Schreiben und Gestalten können aber auch über verschiedene andere Sinne angeregt werden (wie z.B. über das Riechen, Tasten, Hören) oder über das Gestalten mit geometrischen Elementen, um nur einige von vielen Möglichkeiten zu nennen.

Im Folgenden sollen zwei Beispiele zu Pablo Picassos „Ziege" verdeutlichen, wie unterschiedlich die Produkte sind, die auf dem beschriebenen Wege in Bild und Schrift gestaltet werden: Bei Tobias wird aus der Ziege ein feuerspeiender Drache (s. Abb. 2) und bei Simone entsteht eine herzzerreißende Geschichte, die sie auch bildhaft symbolisiert (s. Abb. 3).

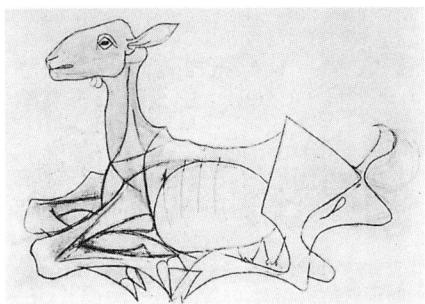

Abb. 1: Die Ziege, 1946 © Succession Picasso/VG Bild-Kunst, Bonn 1997

Tobias (Klasse 1):

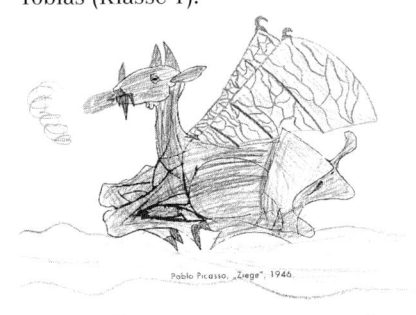

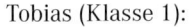

Abb. 2

Simone (Klasse 4):

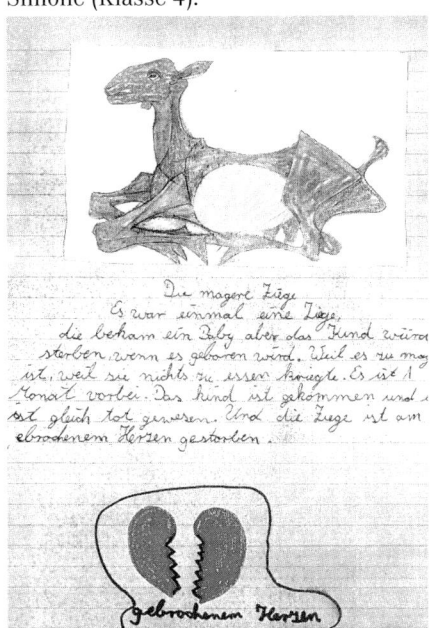

Abb. 3

19

Literatur

Gabriele Rabkin: Schreiben Malen Lesen – Wege zur Kultur (Schülermaterial), Stuttgart 1992

dies.: Der Engel fliegt zu einem Kind – Anregungen zum freien Schreiben und Gestalten aus der bildenden Kunst, Stuttgart 1995

dies.: Die schöne Hexe – Anregungen zum freien Schreiben und Gestalten aus der Ganzheits- und Gestaltpsychologie, Stuttgart voraussichtlich 1998

Friedrich Sander/Hans Volkelt: Ganzheitspsychologie. Grundlagen, Ergebnisse, Anwendungen. Gesammelte Abhandlungen, München 1962

(Ursula Giere/Gabriele Rabkin)

Hartmut Günther

Die Sprache des Kindes und die Schrift der Erwachsenen

Es wird die These vorgestellt, dass das Kind, das Lesen und Schreiben lernt, nicht einfach eine Kodiertechnik für die schon entwickelte Lautsprache erwirbt. Vielmehr ist davon zu sprechen, dass es eine neue Sprache lernt oder besser, dass es die eigene Sprache neu lernt. Ausgegangen wird von den postalphabetischen Veränderungen des Schriftbildes. Die Veränderungen der Textgestalt dienen der Sichtbarmachung der „grammatischen Artikulation" des Textes im Interesse des Lesers (Zf. 1). Erwachsene beziehen ihre Sicht der Sprache grundsätzlich auf ihre schriftliche Form (Zf. 2), die der Sprache des Kindes keineswegs entspricht (Zf. 3). Das Lernziel des Kindes, Lesen und Schreiben, setzt die Kenntnisse bereits voraus, die erst beim Schriftspracherwerb angeeignet werden (Zf. 4). Die Problematik des Schriftspracherwerbs wird verschleiert durch die graduellen Übergänge von konzeptioneller Mündlichkeit und Schriftlichkeit und die grundsätzliche Überführbarkeit von Äußerungen und Texten von einem in das andere Medium (Zf. 5).

1. Die postalphabetische Entwicklung des Schriftbildes

Beim Sprechen erzeugen Menschen mit ihren Sprechorganen Schall, damit andere Menschen diesen mit ihren Hörorganen wahrnehmen. Die mündlichen Äußerungen haben eine zeitliche Ausdehnung und sind flüchtig. Wie auch immer der lautsprachliche Kommunikationsprozess im Einzelnen organisiert sein mag: Er muss eingestellt sein auf den Sachverhalt, dass das die Botschaft transportierende Signal unmittelbar nach seiner Erzeugung wieder verschwindet. Zentraler Wahrnehmungsgegenstand sind die Veränderungen im Signal, nicht seine Konstanten.

Beim Schreiben erzeugt ein Mensch mit Hilfe von Werkzeugen visuelle Muster, die ein anderer (in der Regel zu einem anderen Zeitpunkt) mit seinen Sehorganen wahrnimmt. Schriftliche Äußerungen haben eine räumliche Ausdehnung und sind in der Zeit konstant. Bei ihrer Wahrnehmung gibt es keine zeitlichen Beschränkungen, die in der Natur der Sache lägen; zentraler Wahrnehmungsgegenstand beim Lesen ist das Konstante im Signal, sind nicht visuelle Veränderungen.

Es ist merkwürdig, dass diese so offensichtlichen Unterschiede zwischen gesprochener und geschriebener Sprache[1] und ihre Konsequenzen in der Geschichte der mit Sprache befassten Wissenschaften nicht ins Zentrum der Überlegungen zum Verhältnis von Schriftlichkeit und Mündlichkeit gestellt worden sind. Dies liegt wohl in erster Linie an dem überkommenen Glauben an die uneingeschränkte Priorität der Lautsprache:[2] Gesprochene Sprache ist historisch früher als Schrift, und Kinder lernen erst sprechen, danach (wenn überhaupt) lesen und schreiben. Aus diesem Sachverhalt wurde vielfach der Schluss gezogen, dass Schrift grundsätzlich der Lautsprache nachgeordnet sei; sie verdanke ihre interne Organisation ausschließlich den Strukturen der Lautsprache, wie denn auch das gesprochene Wort mehr Geltung habe als das geschriebene. Daraus wurde vielfach eine teleologische Sicht der Schrift abgeleitet: Sie habe im Wesentlichen der Abbildung der Lautsprache zu dienen.

Diese Position lässt das Phänomen unerklärt, dass sich die äußere Form schriftlicher Äußerungen seit der Erfindung des Alphabets drastisch verändert hat. Das altgriechische Schreiben gleich großer Buchstaben ohne Punkt und Komma versinnbildlichte in der Tat so direkt wie mit diskreten Symbolen möglich den auditiv kontinuierlichen Strom der menschlichen Rede.[3] Seither aber ist mehr in Schriftstücken zu sehen als eine unvollkommene Darbietung des Gesprochenen.

Die folgenden Textpassagen verdeutlichen absatzweise ganz schematisch und ohne Rücksicht auf historische Detailkorrektheit die Entwicklung.

- INDERANTIKEUNDIMMITTELALTER WIRDWIEINDIESEMBEISPIELGESCH RIEBENESGIBTKEINETRENNUNGDE RWÖRTERKEINEGROSSUNDKLEINS CHREIBUNGKEINEINTERPUNKTION KEINEABSÄTZEUNDSOWEITERSOLC HETEXTESINDSCHWERZULESEN
- EINERSTERSCHRITTZURGLIEDERUNGDESSCHRI FTBILDESISTFOLGENDER GRÖSSEREEINHEITENWERDENZUMBEISPIELDU RCHINITIALENODERZEILENNEUANFANGMARKI ERT SOREDUZIERTSICHDIEGRÖSSEDERJEWEILIGENL ESEEINHEIT. SCHLIESSLICHENTWICKELTSICHD ERPUNKTZUMZEICHENFÜRDASENDEDESSATZE SALSDERGRÖSSTENGRAMMATISCHENEINHEIT.
- DEN ENTSCHEIDENDEN SCHRITT ABER STELLT DIE EINFÜHRUNG DES WORTZWISCHENRAUMS DAR. DER TEXT WIRD AUF DIESE WEISE IN SEINE KONSTITUIERENDEN GRAMMATISCHEN EINHEITEN GEGLIEDERT. LESEN UND SCHREIBEN VERÄNDERN SICH. LEISES LESEN UND SCHREIBEN WIRD ERLEICHTERT ODER ÜBERHAUPT ERST MÖGLICH.
- Etwa um die gleiche zeit wird durch die entwicklung der karolingischen minuskel das schriftbild weiter gegliedert. Ober- und unterlängen und die unterschiedliche größe der buchstaben erleichtern die lesbarkeit. Die großbuchstaben der kapitalis dienen der markierung von satzanfängen sowie der AUSZEICHNUNG bestimmter wörter.
- Schließlich wird / durch die schrittweise Entwicklung der Interpunktion und der Groß- und Kleinschreibung / die syntaktische Organisation des Satzes / schon im Schriftbild angezeigt / zuerst durch die Virgel / wie in diesem Beispiel / danach durch weitere Satzzeichen.

Vergleicht man diese Beispiele mit dem restlichen Text dieses Beitrags, so wird deutlich, welch gewaltige Veränderungen des Schriftbildes in den letzten 2000 Jahren stattgefunden haben – von einer Partitur, mit der man einigermaßen das Gesprochene wiederzugeben suchte, zu einer hochgradig komplexen Textstruktur. *Wolfgang Raible* spricht von der „Semiotik der Textgestalt", *Utz Maas* von der Sichtbarmachung der „grammatischen Artikulation".[4] Die schriftliche Form der Texte legt ihre Struktur offen, von der untersten Ebene der bedeutungsunterscheidenden Elemente über die grammatischen Kategorien bis zur textuellen Organisation. Neuere schriftliche Texte sind anders organisiert als mündliche Äußerungen, müssen es sein. In der geschriebenen Sprache werden mit Leerzeichen, Großschreibung und Interpunktion, mit Initialen, Abkürzungen und Formeln, mit Überschriften, Inhaltsverzeichnissen und Registern, mit Grafiken, Rubriken und Tabellen usw. schriftsprachliche Verfahrensweisen geschaffen, die der mündlichen Sprache zunächst einmal fremd sind.

Man kann die Funktionsweise und die Bedeutung von Schrift und Schriftlichkeit heute nicht verstehen, wenn man diese Entwicklung nicht in Rechnung stellt und Schrift weiterhin als rein phonographisch bestimmt ansieht. Die Veränderungen in der Form schriftlicher Äußerungen können nicht einfach interpretiert werden als technischer Fortschritt in der Abbildung des Gesprochenen, als höchst unvollkommene Bemühungen, das Gesprochene schriftlich besser, genauer o.ä. als bisher wiederzugeben, also z.B. durch Interpunktion die Prosodie nachzubilden, durch Einfügen des Wortzwischenraums phonetische Pausen abzubilden, etc. Vielmehr wird Sprache den Erfordernissen des anderen Mediums entsprechend umgestaltet, gewinnt neue Dimensionen und Ausdrucksmittel.[5]

2. Die Schrift der Erwachsenen

Zentral bei der obigen Darstellung der medialen Unterschiede zwischen Schriftlichkeit und Mündlichkeit war der Hinweis auf die Nicht-Flüchtigkeit des geschriebenen Textes. Angesichts der Dominanz der visuellen Wahrnehmung beim Menschen kann es nicht überraschen, wenn dem Schriftkundigen die gegenständliche, visuell wahrnehmbare schriftliche Form der Sprache zur dominierenden, maßgebenden Form und Norm wird. Wenn (schriftkundige) Erwachsene über Sprache reden, dann reden sie über Sprache, wie sie geschrieben wird. Dabei nehmen sie an, dass die nur in der schriftlichen Form direkt greifbare grammatische Artikulation auch im Mündlichen unmittelbar gegeben sei. Sie reden z.B. ganz selbstverständlich über Sätze, Wörter und Substantive, denn im geschriebenen Text kann man sie sehen. Man kann sie aber nicht in demselben Sinne hören wie man sie sehen kann. Der Erwachsene hat bestimmte (grammatisch determinierte) Kategorien zur Verfügung, weil die Schrift sie ihm zeigt, und er kann sie deshalb auch auf die gesprochene Sprache anwenden. Weil ihm das so selbstverständlich ist, setzt er die Sichtbarkeit dieser Kategorien auch bei anderen (Kindern, Analphabeten) als gegeben voraus. *David Olson* hat in diesem Sinne die Schrift als Modell der Lautsprache bezeichnet:[6] Die sprachlichen Kategorien werden durch die Schrift sichtbar und dadurch (be)greifbar.

Belege für die Orientierung des Erwachsenen an der schriftlichen Form der Sprache sind Legion. Vergisst das lernende Kind, den Wortzwischenraum zu schreiben, so wird das moniert mit der Frage „zähl doch mal nach, wie viele Wörter das sind", verbunden mit einem völlig unnatürlichen, skandierenden Lesen, bei dem auf jedes Wort eine Pause folgt (hier durch den übermäßig großen Wortzwischenraum symbolisiert) – aber natürlich spricht niemand so, gibt es beim normalen Sprechen keine Pausen zwischen den Wörtern.[7] Schriftsprachliche Normen verlangen vollständige Sätze – also muss das Kind auch in ganzen Sätzen sprechen. Hinter jeden Satz gehört ein Punkt, wird der Schüler belehrt – und was ein Satz ist, erkennt man am Schlusspunkt; Substantive schreibt man groß, und was ein Substantiv ist, erkennt man an der Großschreibung. Dem Lehrerrat folgend, dass man schreiben solle, was man hört, schreibt das Kind das runde Rad mit einem T am Ende *rat* oder *raat* und bekommt zu hören „hör doch mal, raaddd" – aber das Kind hat durchaus geschrieben, was es gehört hat, denn das RAD wird immer [ra:t] ausgesprochen, eine Aussprache [ra:d] oder gar [ra:ddd] ist falsch und kommt in der natürlichen Rede nicht vor.

Zudem impliziert das Können nicht das Beherrschen, auch hier nur zwei Beispiele: Weil nahezu alle Kinder zu Beginn der ersten Klasse das ABC aufsagen können, wird angenommen, dass ihnen auch das Prinzip der alphabetischen Ordnung direkt eingängig ist, sodass sie z.B. ein Lexikon problemlos benutzen können müssten, was natürlich nicht der Fall ist. Ähnliches gilt für den Kanon der Textformen, die in einer Schriftkultur allesamt schriftvermittelt sind. *Carl Bereiter* hat in einer Reihe von Studien gezeigt, wie langsam sich die Fähigkeit des Schreibens von Texten in einer Reihe von Stufen entwickelt.[8] Zweifellos kann jedes Kind erzählen und am (echten) mündlichen Diskurs teilnehmen – die schriftvermittelten Formen aber kann es sich nur langsam und angeleitet aneignen. Auch hier ist der Erwachsene in der Regel geneigt, das Wissen und die Fähigkeiten des Kindes zu überschätzen („ich verstehe das gar nicht – sie kann so schön erzählen, aber im Aufsatz ist sie immer schwach"). Ganz zu schweigen ist in diesem Zusammenhang von Schriftnormen wie der Platzierung von Anrede und Adresse in Briefen etc., die sich eben nicht „von selbst" durch einfaches Abgucken ergeben.

Zusammengefasst: Erwachsene setzen das Modell der Sprache, das ihre geschriebene Form bietet, als auch dem Kind direkt verfügbare oder zumindest einsehbare Realität voraus – da die grammatischen Strukturen der Schrift ja auf die mündlichen Äußerungen (häufig falsch) abgebildet werden können, müssten sie dem Kind, das doch sprechen kann, auch verfügbar sein. Diese Annahme ist aber irrig.

3. Die Sprache des Kindes

Trivialerweise ist die Sprache des Kindes mündlich; seine sprachlichen Erfahrungen hat es im Umgang mit mündlichen Äußerungen gewonnen. Wie eingangs bemerkt, gewinnen auditive Ereignisse ihre Qualität und Identität dadurch, dass sich in der Zeitdimension akustische Veränderungen vollziehen. Die Sprache des Kindes hat deshalb zunächst einmal nichts gemein mit der auf visueller Konstanz gründenden Schrift der Erwachsenen, und deshalb kann, völlig unabhängig von kognitiven Reifeaspekten etc., das kindliche „Sprachmodell" nicht dem des Erwachsenen entsprechen.

Beim Schriftspracherwerb muss das Kind lernen, sich Abschnitte im kontinuierlichen Sprachsignal als Folge hierarchisch organisierter Segmente vorzustellen (was sie nicht sind), um die visuellen Konfigurationen von Schriftzeichen auf dem Papier mit einer lautlichen Repräsentation in Zusammenhang zu bringen. Es muss, um mit *David Olson* zu sprechen, am Beispiel der Schrift ein Modell der Lautsprache aufbauen. *Olson* hat seine Gedanken anhand der Schriftgeschichte entwickelt; dies kann hier nicht im Einzelnen nachgezeichnet werden.[9] Seine Grundidee aber ist immer die gleiche – durch die Um- oder gar Fehldeutung einer vorliegenden Schreibung wird eine neue Entwicklungsstufe erreicht, die Schrift bereichert: Die Akkader deuten die sumerischen Wortzeichen silbisch und „sehen" so zum ersten Male Silben; die Griechen deuten die semitischen Schriftzeichen für einen Konsonanten plus beliebigem Vokal als Konsonantenzeichen und „sehen" so zum ersten Mal Phoneme – und was sie da als Erste sehen, das „hören" sie dann auch. Etwas Ähnliches, denke ich, geschieht dem Kind. Es hat nie Phoneme gehört, nur im Sprachsignal kontinuierliche Übergänge von vokalischen Perioden zu Geräuschanteilen und umgekehrt. Wenn es nun Buchstaben und Wörter sieht, kann es langsam eine Vorstellung diskreter Abschnitte im Sprachsignal entwickeln. Es ist deshalb kein Zufall, dass das phonographische (in den Modellen meist alphabetisch genannte) Lesen ein unverzichtbares Durchgangsstadium des Leselernprozesses darstellt. Das Kind produziert auf der Basis einer vorliegenden Buchstabenkette laut (wie der Hellene, wie der mittelalterliche Mönch) ein Sprachsignal, hört es sich an und sucht in seinem Gedächtnis nach etwas Kompatiblem.

Ähnlich lässt sich für die übrigen oben angesprochenen Bereiche argumentieren. Weil Wörter in der gesprochenen Sprache nicht akustisch einzeln markiert werden, schreibt das Kind zunächst keine Wortzwischenräume; es markiert keine Satzanfänge und Substantive, weil es auch die nicht „hört". Die Schreibfähigkeit wird erworben, indem nicht Hörbares beim Lesen gesehen und dann visuell wiedergegeben wird.

In historischer Perspektive wird man sagen können, dass vielfach und mit Sicherheit im Deutschen die gesprochene Standardsprache Produkt einer schon früher vereinheitlichten Schriftsprache ist: Die sprachlichen Normen sind bezogen auf die Schrift. Bei der Massenalphabetisierung des 19. Jahrhunderts lernen die Kinder keineswegs nur, ja vielleicht nicht einmal in erster Linie, Lesen und Schreiben, sondern vielmehr die an der geschriebenen Sprache ausgerichtete deutsche Standardsprache (und -aus-

sprache) und erwerben dabei Kenntnisse über ihre Struktur.

Vielfach ist in diesem Zusammenhang das Verhältnis genau umgekehrt gesehen worden. Unter dem Stichwort „phonological awareness" (phonologische Bewusstheit) wurde in Einklang mit der These von der Priorität der Lautsprache erklärt, dass das Kind erst den akustischen Lautstrom zergliedern können müsse, um dann, mit dieser Kenntnis, das Prinzip der Alphabetschrift begreifen zu lernen. *David Olson* stellt das wie andere Autoren[10] in Frage und dreht die Position um: Phonologische Bewusstheit entsteht durch die Beschäftigung mit Schrift. Diese Beschäftigung setzt nicht notwendig erst mit dem Schulanfang ein, beginnt in westlichen Industriegesellschaften bei Mittelschichtkindern durchaus früher. Phonologische Bewusstheit ist im Wesentlichen metasprachlicher Natur; metasprachliche Fähigkeiten aber entwickeln sich in Auseinandersetzung mit und dem Benutzen von Schrift. Ähnlich muss das Kind nicht erst definieren können, was ein Satz ist, um Sätze durch Großschreibung und Punkt zu markieren, oder wissen, was ein Substantiv ist, um die satzinterne Großschreibung im Deutschen lernen zu können.

4. Das Paradoxon des Schriftspracherwerbs

Die gegenständliche Natur des schriftlichen Sprachsignals prädestiniert es als Auslöser und Träger metasprachlicher Prozesse, wie schon *Wygotsky* erkannte.[11] Ein zentraler Aspekt dabei ist die Trennung von Sprachform und Bedeutung. Die Schriftzeichenfolge ist ein Ausdruck, der sich ebenso wie die entsprechene Lautfolge auf eine Bedeutung bezieht. Das Verständnis für den (durchaus komplexen) Zusammenhang von Lautfolgen und Schriftzeichenfolgen beruht auf der Möglichkeit, zwischen Form und Bedeutung zu unterscheiden. *Emilia Ferreiro* zitiert Untersuchungen mit mexikanischen Vorschulkindern, denen gezeigt wurde, dass die fünf Buchstaben 'gallo' zusammen 'Hahn' bedeuten. Auf die Frage, ob man nun mehr Buchstaben brauche, um 'gallina' 'Henne' zu schreiben, war die Antwort „weniger, weil eine Henne kleiner ist", und geschrieben wird 'gall'. Ähnlich halten deutsche Vorschulkinder das Wort 'Kuh' für länger als das Wort 'Schmetterling'. *Olson* berichtet über englischsprechende Vorschulkinder, denen die Wortfolge 'three little pigs' gezeigt und erklärt wird. Deckt der Erwachsene das Wort 'three' ab und fragt, was nun dasteht, so lautet die Antwort „two little pigs". Wort und Bedeutung bzw. Gegenstand sind noch eine Einheit, die Trennung von Form und Bedeutung noch unbekannt. Dies bezieht sich auch auf Satz- und Textebene: In einer anderen Aufgabe müssen die Kinder unterscheiden, ob eine Äußerung wörtlich wiederholt wird oder nur sinngemäß – sie scheitern bis zur Schulzeit an ersterer Aufgabe.[12]

Nun scheint freilich die Fähigkeit, Form und Bedeutung (analytisch) zu trennen, gleichzeitig Ergebnis wie Vorbedingung erfolgreichen Schriftspracherwerbs zu sein. Neuerdings wird als entscheidender Aspekt des Übergangs von der semantischen zur phonographischen (alphabetischen) Phase im Schriftspracherwerb der Aufbau mentaler Repräsentationen angesehen, in denen Lautform und Bedeutung getrennt sind.[13] In diesem Übergang muss es dabei zunächst gar nicht um Alphabetisches gehen. Vieles spricht dafür, dass die zentrale Organisationsebene des deutschen Schriftsystems die (Schreib-)Silbe ist – eine Ebene, die nun gerade keine direkte schriftliche Kennzeichnung erfährt wie das Wort (Spatium) oder der Buchstabe

(diskrete Einheit). Unterrichtliche Erfahrungen zeigen, dass der Zugang zum alphabetischen Prinzip über die Silbe erfolgreich ist.[14] In jedem Falle sind die zu erlernenden Strukturmerkmale der Schrift nicht direkt aus der Lautsprache übertragbar – die Sprechsilbe unterscheidet sich von der Schreibsilbe, ein Laut entspricht nicht genau einem Buchstaben, usw.

Der paradoxe Befund, der sich ergibt, ist der folgende: Zum einen verfügt das Kind über eine intakte mündliche Sprache. Deren Strukturen stehen dem Kind aber nicht in bewusster Weise zur Verfügung. Zum anderen sind die Zielstrukturen der schriftlichen Sprache zwar andere als diejenigen, über die es mündlich verfügt, mit diesen jedoch systematisch korreliert;[15] um diese Zielstrukturen aber begreifen zu können, muss das Kind sich die eigenen Quellstrukturen bewusst machen, dies geschieht über das Modell, das die Schrift bietet. Dieses Modell kann nicht einfach abstrakt gelehrt werden; es bedarf der ständigen Aneignung durch Übung: Weil diese Strukturen nur in der Schrift sichtbar sind, lernt man Lesen und Schreiben nur durch Lesen und Schreiben.

5. Medium und Konzeption

Dass die Kompliziertheit dieses Vorganges so lange der Aufmerksamkeit von Forschern und Lehrern entgangen ist, liegt freilich auch an den sprachlichen Gegebenheiten moderner Gesellschaften. Hier wird vom kompetenten Sprecher/Hörer/Schreiber/Leser erwartet, die Überführung vom einen in das andere Medium jederzeit durchführen zu können – eine spontane Äußerung niederzuschreiben, einen Text vorzulesen, aus einem Manuskript vorzutragen, das Protokoll einer Sitzung anzufertigen. Charakteristisch dabei ist die unmerkliche oder auch deutlich (negativ oder positiv) gespürte Veränderung, die die sprachliche Form dabei durchmacht. Jeder, der einmal für Gesprächsanalysen Transkripte angefertigt hat, weiß das ebenso wie jeder, der schon dabei ertappt wurde, beim Vorlesen der Lieblingsgeschichte seines Kindes den Text (bewusst oder unbewusst) z.b. zur Verkürzung verändert zu haben.

Es ist eine in der Rhetorik, der Sprachwissenschaft und der Lese- und Schreibdidaktik vielfach diskutierte Tatsache, dass es eine Reihe von Kommunikationsbedingungen und Versprachlichungsstrategien gibt, die typischerweise eher dem mündlichen oder eher dem schriftlichen Bereich angehören. So stehen z.b. dialogische Strukturen beim Gebrauch gesprochener Sprache einem Vorherrschen von monologischen Formen im schriftlichen Bereich gegenüber. Gesprochene Äußerungen sind direkt auf die Situation bezogen, oft nur in der Situation verständlich, während die schriftliche Äußerung kontextfrei verständlich sein sollte. In mündlicher Rede wird spontan reagiert, beim Schreiben wird reflektiert. Auf der Ebene der Sprachstrukturen finden wir im Bereich der Mündlichkeit eher parataktische Konstruktionen, eher hypotaktische Organisation der Äußerungen ist im Bereich der Schriftlichkeit anzutreffen; die Organisation der Rede ist am Fortgang des Gesprächs orientiert, nicht an der formalen Struktur des sprachlichen Produkts; zur Herstellung von Kohärenz und Kohäsion werden in der mündlichen Erzählung andere (und häufig nichtsprachliche) Mittel verwendet als bei der schriftlichen Textproduktion; etc.

Alles dies ist seit langem mehr oder weniger bekannt. Ein Manko solcher Charakterisierungen der Unterschiede zwischen Mündlichkeit und Schriftlichkeit liegt freilich darin, dass bestenfalls Tendenzen vorliegen, deren systematischer Ort zudem unklar ist. Denn selbstverständlich gibt es auch in der gesprochenen Sprache Hypotaxe, also untergeordnete Nebensätze, und natürlich gibt es Spontaneität in der Schriftlichkeit.[16] Der entscheidende Fortschritt in einem neuen Ansatz von *Peter Koch* und *Wulf Oesterreicher*[17] liegt in der Erkenntnis, dass eine direkte, d.h. eindimensionale Abbildung der medialen Dichotomie schriftlich vs. mündlich auf solche Merkmale (wie hypotaktisch vs. parataktisch, monologisch vs. dialogisch, reflektiert vs. spontan, etc.) dem Gegenstand nicht gerecht wird, so, als handele es sich einfach um mit dem Kanal (optisches vs. akustisches Signal) verbundene Unterschiede. Die Autoren lokalisieren den Unterschied von Mündlichkeit und Schriftlichkeit auf zwei Dimensionen, einer medialen und einer konzeptionellen. Die mediale Dimension ist dichotomisch: Eine Äußerung, ein Text kann immer nur entweder phonisch oder graphisch sein. Die Unterscheidung von konzeptioneller Schriftlichkeit bzw. Mündlichkeit dagegen ist graduell: Ein vertrautes Gespräch ist konzeptionell „mündlicher" als eine Predigt, ein schriftlicher Tagebucheintrag „weniger schriftlich" (konzeptionell!) als ein Leitartikel. Auch ein wissenschaftlicher Vortrag z.B. ist medial phonisch: Es wird Schall produziert. Und doch reden die Vortragenden quasi wie gedruckt, selbst wenn sie nicht einem Manuskript folgen. Deshalb gehören wissenschaftliche Vorträge in die Domäne der konzeptionellen Schriftlichkeit: Es wird gesprochen, aber es handelt sich um Schriftlichkeit. Dieses Paradox ist uns wohl nur deshalb so wenig bewusst, weil wir als Erwachsene, zudem, wenn wir täglich mit Schriftlichem umgehen, immer die potentielle Übersetzung in das andere Medium mitdenken oder jedenfalls mitdenken können. Dabei wird oft vergessen, dass die grundsätzlichen Aspekte konzeptioneller Schriftlichkeit tatsächlich auf die mit der medialen Dimension verbundenen, eingangs angesprochenen Besonderheiten des visuellen Mediums (Nicht-Flüchtigkeit, Gegenständlichkeit) zurückzuführen sind.[18]

In diesem Zusammenhang muss auf einen verhängnisvollen Irrtum hingewiesen werden. Es wird häufig ein Schreckensbild der Art entworfen, dass die guten alten Werte verdrängt werden durch die schlechten neuen Gewohnheiten. Schon *Plato* beklagt (schreibend!) den Verlust der Gedächtnisfähigkeiten nach Einführung der Schrift; die Erfindung der Schreibmaschine wurde mit dem Verlust handschriftlicher Fähigkeiten in Verbindung gebracht, dem Fernsehen, hört man, sei der Niedergang der Lesefähigkeit geschuldet. Die Mediengeschichte zeigt, dass solche Vorgänge nicht stattfinden. Jeweils neue Medien erobern bestimmte Gebrauchsbereiche, und die jeweils „alten" Medien behaupten Kernbereiche. Wir sprechen immer noch (trotz der Erfindung der Schrift), wir schreiben immer noch selbst (trotz Buchdruck), und die Computerkids müssen unbedingt Lesen lernen, um das andere Medium effektiv benutzen zu können.

Der eben geäußerte Gedanke bedeutet nämlich nicht nur, dass sich die neuen Medien bestimmte Bereiche erobern und die alten Medien in festen, abgetrennten Nischen verbleiben. Vielmehr wirken Medien aufeinander ein. Es ist geradezu die Basis der Idee von konzeptioneller Schriftlichkeit bzw. Mündlichkeit als einer graduellen Erscheinung, dass sprachliche Vorgänge als mehr oder weniger schriftlich bzw. mündlich gekennzeichnet werden. Bestimmte Kinder beherrschen gewisse Formen konzeptioneller Schriftlichkeit lange bevor sie Lesen und

Schreiben lernen, eben weil in der Umgebung, in der sie aufwachsen, medial mündliche Diskurse von konzeptioneller Schriftlichkeit üblich sind – dazu gehört schon das Vortragen von Gedichten. Während das Fehlen des einen Mediums, der Schrift, tatsächlich bestimmte kognitive und kommunikative Handlungen wenn nicht ausschließt, so doch extrem schwierig macht,[19] ist seine Verfügbarkeit gleichzeitig Ausgangspunkt von rückwirkenden Veränderungen. Es entstehen in einem Medium bestimmte Formen, die dann in das andere zurücktransportiert werden. *Keith Walters* betont den engen Zusammenhang von 'academic discourse' und 'literacy', d.h. von der Schriftgeprägtheit mündlicher Sprachformen im akademischen Umfeld. *Koch/Oesterreicher* betonen die wichtige Rolle der Schriftlichkeit beim sprachlichen Ausbau von bislang nicht verschrifteten Sprachen.[20] Und auch das Kind, das Lesen und Schreiben lernt, erhält erst damit endgültig die Möglichkeit des Zugangs zu neuen mündlichen Sprachfertigkeiten, zu konzeptioneller Schriftlichkeit auch in medial mündlichen Situationen. Ob es sie nutzt und wie es dazu anzuleiten ist, ist eine zentrale Frage, die die Sprachdidaktik theoretisch und der Unterricht praktisch zu lösen haben. Lesen und Schreiben bleiben die Grundvoraussetzung dafür.

Anmerkungen

[1] Vgl. ausführlicher *Günther/Pompino-Marschall* (1996).

[2] Vgl. zum Satz von der Priorität der Lautsprache ausführlicher *Günther* (1995) im Anschluss an *Lyons* (1983).

[3] Vgl. *Ludwig* (1995).

[4] Vgl. *Raible* (1991a, b), *Maas* (1992).

[5] Vgl. Koch/Oesterreicher (1994, 1997).

[6] Vgl. Olson (1994a, b).

[7] In jedem Seminar gibt es nach dieser Demonstration mindestens einen Studenten, der zu bedenken gibt, dass es da doch Pausen geben müsse, sie sei–

en vielleicht nur so kurz, dass man sie nicht bewusst wahrnehmen könne. Diese Behauptung ist nachweisbar unzutreffend.

[8] Vgl. z.B. *Bereiter* (1982).

[9] *Olson* (1994,1997); vgl. dazu auch *Günther* (1995).

[10] *Olson* (1997); *Morais* (1985); eine knappe Zusammenfassung des Problems bei *Scheerer-Neumann* (1996a, 1158f.).

[11] Damit ist NB nicht impliziert, dass es Metasprachlichkeit ohne Schriftlichkeit grundsätzlich nicht geben könne, vgl. *Raible* (1994).

[12] Vgl. *Ferreiro* (1997); *Olson* (1997).

[13] Vgl. *Günther* (1995).

[14] Vgl. zur silbischen Struktur der deutschen Orthographie *Eisenberg* (1995, 1996); *Ossner* (1996), zur didaktischen Perspektive *Röber-Siekmeyer* (1997), *Scheerer-Neumann* (1996a, b).

[15] *Maas* (1992, 42f.) spricht von der „Fundierung" der Orthographie in der lautsprachlichen Struktur.

[16] Darauf hebt z.B. *Steger* (1987) ab, der zu zeigen versucht, dass es im heutigen Deutsch keine Sprachmittel gibt, die nur schriftlich oder nur mündlich verwendet werden können.

[17] Vgl. *Koch/Oesterreicher* (1986, 1994), s.a. *Raible* (1994) sowie *Günther* (1993).

[18] Aus diesem Grunde halte ich den Versuch von *Koch/Oesterreicher* (1986, 1994), ähnlich *Raible* (1994), den Unterschied von konzeptioneller Mündlichkeit und Schriftlichkeit auf ein allgemeines anthropologisches Prinzip von Nähe vs. Konstanz zurückzuführen, für missglückt und die Tragweite ihres Ansatzes systematisch entwertend: Ich denke, dass auch Nähediskurse konzeptionell schriftlich abgewickelt werden können.

[19] Vgl. *Scheerer* (1993).

[20] Vgl. *Walters* (1994); *Koch/Oesterreicher* (1994).

Literatur

Bereiter, Carl. 1980. Development in writing. In: *L.W. Gregg/E.R. Steinberg* (Hrg.), Cognitive processes in writing. Hillsdale: LEA, 73-93.

Eisenberg, Peter. 1995. Der Buchstabe und die Schriftstruktur des Wortes. In: Der große Duden Bd. 4 - Die Grammatik. Mannheim: Bibliographisches Institut, 56-84.

Eisenberg, Peter. 1996. Das deutsche Schriftsystem In: *Günther, Ludwig et al.* (Bd. 2), 1451-1455.

Ferreiro, Emilia. 1997. The Word Out of (Conceptual) Context. In: *C. Pontecorvo* (Hrg.), 47-59.

Günther, Hartmut. 1993. Erziehung zur Schriftlichkeit. In: *P. Eisenberg/P. Klotz* (Hrg.), Sprache gebrauchen - Sprachwissen erwerben. Stuttgart: Klett, 85-96.

Günther, Hartmut. 1995. Die Schrift als Modell der Lautsprache. Osnabrücker Beiträge zur Sprachtheorie 51, 15-32.

Günther, Hartmut; Ludwig, Otto et al. (Hrg.). 1994/1996. Schrift und Schriftlichkeit - Ein interdisziplinäres Handbuch internationaler Forschung. (Bd. 1 1994, Bd. 2 1996). Berlin: de Gruyter.

Günther, Hartmut/Pompino-Marschall, Bernd. 1996. Basale Aspekte der Produktion und Perzeption mündlicher und schriftlicher Äußerungen. In: *Günther, Ludwig et al.* (Bd. 2), 903-917.

Koch, Peter/Oesterreicher, Wulf. 1986. Sprache der Nähe - Sprache der Distanz. Mündlichkeit und Schriftlichkeit im Spannungsfeld von Sprachtheorie und Sprachgeschichte. Romanistisches Jahrbuch 1986, 15-43.

Koch, Peter/Oesterreicher, Wulf. 1994. Schriftlichkeit und Sprache. In: *Günther, Ludwig et al.* (Bd. 1), 587-604.

Ludwig, Otto. 1995. Ohne Punkt und Komma - Anmerkungen zur Verwendung der scriptura continua in der Antike. MS: Reimersstiftung Bad Homburg. (Erscheint in: *Konrad Ehlich* (Hrg.), Interpunktion. Niemeyer)

Lyons, John. 1983. Die Sprache. München: Beck.

Maas, Utz. 1992. Grundzüge der deutschen Orthographie. Tübingen: Niemeyer.

Morais, José. 1985. Literacy and awareness of units of speech: Implications for research on the units of perception. Linguistics 23, 707-721.

Olson, David. 1994a. The world on paper. Oxford: Blackwell.

Olson, David. 1994b. On the relations between speech and writing. In: *C. Pontecorvo* (Hrg.), 3-20.

Ossner, Jakob. 1996. Silbifizierung und Orthographie des Deutschen. Linguistische Berichte 165, 369-400.

Pontecorvo, Clotilde (Hrg.). 1997. Writing Development - An Interdisciplinary View. Amsterdam: Benjamins.

Raible, Wolfgang. 1991a. Zur Entwicklung von Alphabetschrift-Systemen. Is fecit cui prodest. Sitzungsberichte der Heidelberger Akademie der Wissenschaften, phil.-hist. Klasse, Bericht 1/1991.

Raible, Wolfgang. 1991b. Die Semiotik der Textgestalt. Sitzungsberichte der Heidelberger Akademie der Wissenschaften, phil.-hist. Klasse, 1. Abhandlung 1991.

Raible, Wolfgang. 1994. Orality and literacy. In: *Günther, Ludwig et al.* (Bd. 1), 1-18.

Röber-Siekmeyer, Christa. 1997. Die Schriftsprache entdecken. Weinheim: Beltz (3. Auflage).

Scheerer, Eckart. 1993. Mündlichkeit und Schriftlichkeit - Implikationen für die Modellierung kognitiver Prozesse. In: *Baurmann, Jürgen; Günther, Hartmut/Knoop, Ulrich* (Hrg.), HOMO SCRIBENS - Perspektiven der Schriftlichkeitsforschung. Tübingen: Niemeyer, 141-176.

Scheerer-Neumann, Gerheid. 1996a. Der Erwerb der basalen Lese- und Schreibfertigkeiten. In: *Günther, Ludwig et al.* (Bd. 2), 1153-1169.

Scheerer-Neumann, Gerheid. 1996b. Störungen des Erwerbs der Schriftlichkeit bei alphabetischen

Schriftsystemen. In: *Günther, Ludwig et al.* (Bd. 2),
1329–1351.

Steger, Hugo. 1987. Bilden "gesprochene Sprache"
und "geschriebene Sprache" eigene Sprachvarietä-
ten? In: *H. Aust* (Hrg.), Wörter – Schätze, Fugen und
Fächer des Wissens. Tübingen: Narr, 35–58.

Walters, Keith. 1994. Writing and education. In:
Günther, Ludwig et al. (Bd. 1), 638–645.

Gerheid Scheerer-Neumann

Schriftspracherwerb: „The State of the Art" aus psychologischer Sicht

Standortbestimmung und grundlegende Annahmen

Die Schriftspracherwerbsforschung ist ein Kind der kognitiven Psychologie und genau wie bei dieser ist in den letzten Jahren eine Entwicklung zur Interdisziplinarität zu verzeichnen. Vor allem Sprachwissenschaft und Psychologie haben einander zur Kenntnis genommen; von einer noch stärkeren Beteiligung der Linguistik, auch der Phonetik, ist ein besseres Verständnis besonders für Schwierigkeiten beim Erwerb der Schriftsprache zu erwarten. Die Pädagogik hat insofern einen wichtigen Anteil, als sie mit den reformpädagogischen Konzepten für einen geöffneten Unterricht die Rahmenbedingungen geboten hat, unter denen die wichtigsten Erkenntnisse der Schriftspracherwerbsforschung überhaupt erst in der Praxis umgesetzt werden können.

Für noch sehr unzureichend halte ich die interdisziplinäre Zusammenarbeit mit den medizinischen Wissenschaften, vor allem im Hinblick auf Kinder, die langsam lesen- und schreibenlernen, also unter dem Begriff der Lese-Rechtschreibschwäche geführt werden. Befunde aus Neurologie, Neuropsychologie, Ophtalmologie, Audiologie und Genetik werden von der Öffentlichkeit sehr begierig aufgenommen. Es erscheint mir wichtig hier zu analysieren, ob es sich jeweils um alternative Erklärungsansätze im Vergleich zu den psychologischen handelt oder um ähnliche Fragestellungen und vielleicht auch Antworten auf unterschiedlichen Integrationsniveaus. Neurophysiologische Befunde zu den inzwischen gut dokumentierten Problemen leseschwacher Kinder im phonologischen Bereich sind daraufhin zu befragen, ob sie zum Verständnis des Funktionszusammenhangs und zur Intervention über das Bekannte hinaus etwas beitragen. Mein Wunsch an die medizinischen Wissenschaften nach mehr interdisziplinärer Zusammenarbeit geht in beide Richtungen. Ich habe den Eindruck, dass die medizinischen Wissenschaftler viel zu wenig über die derzeitige psychologisch-sprachwissenschaftliche Schriftspracherwerbsforschung informiert sind; so werden in der englischsprachigen neuropsychologischen Forschung viele Probleme leseschwacher Kinder, z.B. ein extremes Erlesen, vorschnell als Defizite gesehen, die durchaus entwicklungspsychologisch zu interpretieren wären.

Interdisziplinäre Forschung ist nicht einfach und *Baurmann* (1996) sieht gerade hier das Problem des Forschungsbereichs. Er schreibt:

„Es gibt nämlich weder eine genuine Wissenschaft, noch eine wissenschaftliche Teildisziplin, die sich systematisch und kontinuierlich mit der Aneignung von Schriftlichkeit auseinander setzt. Fragen und Probleme der Aneignung werden bis heute in der Psychologie, Pädagogik (Erziehungswissenschaft),

31

Psycholinguistik und Didaktik (Methodik) der Eigensprache thematisiert und wissenschaftlich bearbeitet. Die innerhalb dieser Bereiche entwickelten Fragestellungen und Methoden, auch die zum Teil beachtlichen Ergebnisse können nicht darüber hinwegtäuschen, dass die genannten Disziplinen insgesamt erst auf dem Weg sind, sich ihrer Gegenstände, Fragestellungen sowie Methoden zu vergewissern und den Standards zu genügen, die für etablierte Wissenschaften gelten. Da zudem das Verhältnis der Disziplinen, die sich mit der Aneignung von Schrift und Schriftlichkeit befassen, zueinander noch nicht geklärt ist, ist ein systematischer Überblick ebensowenig möglich wie eine kontrastive Gegenüberstellung unterschiedlicher Konzepte." (*Baurmann* 1996, S. 1124).

Baurmann hat sicher nicht unrecht, aber es ist auch eine Frage der Perspektive, ob man das Glas der gelungenen Interdisziplinarität im Bereich des Schriftspracherwerbs als halbleer oder als halbvoll betrachtet. Meine inhaltlichen Ausführungen, die ich jetzt anschließen werde, versuchen nicht den integrativen Überblick zu geben, sondern richten sich unter Berücksichtigung der Didaktik des Erstlese- und Schreibunterrichts auf die kognitiven Prozesse beim Schriftspracherwerb. Bevor ich zu einzelnen Forschungsfragen komme, möchte ich mit einigen Kernsätzen den Rahmen abstecken:

Die Prozesse bei der Verarbeitung von Schrift sind spezifisch und interaktiv.

„Spezifisch" bedeutet: Es gibt Prozesse oder Teilprozesse, die in dieser Form nur im Zusammenhang mit dem Lesen und Schreiben auftreten – das Lesen eines Wortes ist im Hinblick auf die beteiligten kognitiven Prozesse etwas anderes als

z.B. das Benennen eines Bildes, eine Erkenntnis, die leider in der Didaktik noch nicht allgemein rezipiert wurde (s.u. S. 42). Spezifisch meint auch, dass diese Prozesse nur im Zusammenhang mit Lesen und Schreiben erworben werden können und z.T. auch für eine bestimmte Schrift spezifisch sind. Diese Annahme meint jedoch nicht, dass es keinerlei Zusammenhang zwischen schriftsprachlichen und anderen kognitven Prozessen gäbe: So ist die nicht sprachgebundene visuelle Differenzierung eine wichtige Voraussetzung für den Schriftspracherwerb und umgekehrt hat der Schriftspracherwerb Auswirkungen auf das sich entwickelnde Denken, die noch viel zu wenig untersucht sind (vgl. *Scheerer-Neumann* 1996c).

Der Begriff „interaktiv" kann sich im vorliegenden Zusammenhang auf viele Aspekte beziehen, z.B. auf das Zusammenspiel der Teilprozesse untereinander. Gemeint ist aber auch die Interaktion beim Lesen zwischen dem Text auf der einen Seite und der Sprachkompetenz, dem Weltwissen, den Erwartungen des Lesers auf der anderen Seite. Es gibt eine ausgedehnte Literatur zu diesen einzelnen Aspekten (z.B. *Lesgold/Perfetti* 1981).

Auch in Bezug auf das kindliche Lernen allgemein soll ein Kernsatz den theoretischen Hintergrund kennzeichnen, der unser Verständnis für viele Prozesse beim Schriftspracherwerb erst ermöglicht hat. Er bezieht sich auf den konstruktiven Aspekt sowohl beim Lernen als auch bei den Handlungen des Lesens und Schreibens:

Kindliches Lernen ist aktiv und konstruktiv.

Frühe Schreibungen sind nicht die einfache Reproduktion von gedächtnis-

mäßig (evt. unzureichend) Gespeichertem, sondern entstehen in einem (re)konstruktiven Prozess.

Dies bedeutet, dass es eigene kindliche Lösungen geben kann, die von denen der Erwachsenen abweichen. Gut bekannt ist dieses Phänomen inzwischen aus sehr kreativen kindlichen Spontanschreibungen, die von der Orthographie auf charakteristische Weise abweichen. Ich möchte den konstruktiven Aspekt beim frühen Schreiben hier am Beispiel der Spatien, der Zwischenräume zwischen Wörtern demonstrieren: Frühe Spontanschreibungen weisen zumeist gar keine Wortzwischenräume auf; die Schreiberinnen und Schreiber von Abbildung 1, die von einem Vorschulkind (rechts oben), einem Kind im 1. Schuljahr (rechts unten) und einem Kind aus dem 2. Schuljahr stammen (links), verfügen über einen Wortbegriff und versuchen Wortgrenzen zu verschriften; dabei greifen sie auf unterschiedliche graphische Elemente zurück, die allesamt dem graphischen Inventar unserer Schrift entstammen, allerdings üblicherweise in anderen Funktionen eingesetzt werden.

Der nächste Kernsatz wird im weiteren Verlauf dieses Beitrags differenziert und ausführlich dargestellt und begründet werden:

Der Schriftspracherwerb ist als Lern- und Entwicklungsprozess zu verstehen, der sich nicht linear und kontinuierlich dem Lesen und Schreiben des Erwachsenen annähert. Vielmehr ist die sukzessive Auseinandersetzung mit den verschiedenen Prinzipien unserer Schrift in jeweils dominanten Lese- und Schreibstrategien zu beobachten.

Ich halte diesen genuin entwicklungspsychologischen Ansatz für einen ganz entscheidenden Fortschritt in der Lese- und Schreibforschung der letzten 10–15 Jahre. Er konkretisiert sich in den Stufenmodellen des Schriftspracherwerbs. Die Leseforschung davor hat auch den Leseprozess bei Kindern untersucht, aber vorrangig im Hinblick auf das noch nicht Entwickelte; von Interesse war vor allem die Diskrepanz zum Leseprozess des Erwachsenen.

Entwicklungsmodelle des Schriftspracherwerbs: Das Rahmenmodell von *Uta Frith*

Das Stufenmodell des Schriftspracherwerbs, das *Uta Frith* 1985 formuliert hat, war deshalb so erfolgreich, weil es genau in dieses entwicklungspsychologische Vakuum traf (vgl. aber auch schon *Chall* 1979).

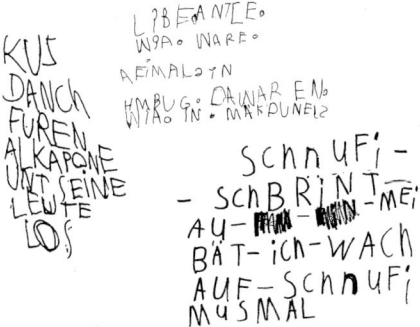

Abb. 1: Kreativer Einsatz graphischer Elemente in der Funktion von Spatien

	LESEN			SCHREIBEN
1a	logographisch	L1⌐		(symbolisch)
1b	logographisch	L2⌐→L2		logographisch
2a	logographisch	L3	⌐A1	alphabetisch
2b	alphabetisch	A2←┘A2		alphabetisch
3a	orthographisch	O1⌐	A3	alphabetisch
3b	orthographisch	O2⌐→O2		orthographiscn

Abb. 2: Das 3- bzw. 6-Stufenmodell von U. Frith (1985)

33

Das Modell besticht durch seine einfache Struktur und es war sehr mutig, ein so einfach strukturiertes Modell anzubieten, vor allem angesichts der hohen Komplexität der Modellierungen des Lesens Erwachsener, die damals schon in Veröffentlichungen zu finden waren. Die drei dominierenden Strategien – logographisch, alphabetisch und orthographisch – sollen zunächst kurz skizziert werden; die in den Pfeilen repräsentierte Entwicklungsdynamik wird im Anschluss diskutiert.

Die dominierenden Strategien der Entwicklungsstufen beim Schriftspracherwerb zeichnen sich nach *Frith* durch die folgenden Merkmale aus: Die logographische Strategie ist eine „direkte Strategie" im Sinne des Zwei-Wege-Modells (vgl. *Coltheart* 1978), d.h sie ist nicht phonologisch vermittelt und sowohl Lesen als auch Schreiben sind nur möglich, wenn bereits eine Gedächtnisrepräsentation des entsprechenden Wortes vorliegt. Logographisches Worterkennen orientiert sich an einzelnen Buchstaben und anderen visuellen Merkmalen („Omi" ist das Wort mit dem Punkt); logographisches Schreiben basiert auf auswendig gelernten Buchstabenfolgen, die aufgrund der noch fehlenden Einsicht zwischen Sprechschema und Schreibschema quasi wie die Ziffern einer Telefonnummer gespeichert werden müssen. Die alphabetische Strategie bedient sich dagegen der Graphem-Phonem-Korrespondenzen und zeichnet sich sowohl beim Lesen als auch beim Schreiben durch ihre sequentielle Kleinschrittigkeit aus: Das Lesen ist ein „Erlesen", das Schreiben basiert auf der Phonemanalyse des Wortes und der Zuordnung der entsprechenden Grapheme. Die orthographische Stufe ist bei *Frith* vor allem durch den erneuten direkten Zugriff definiert: „Orthographic skills refer to the instant analysis of words into orthographic units without phonological conversion. The orthographic units ideally coincide with morphemes. They are internally represented as abstract letter-by-letter strings" (*Frith* 1985, S. 306).

Andere Stufenmodelle des Schriftspracherwerbs betonen für diese Stufe die Erkenntnis und Nutzung orthographischer Strukturen (*Marsh, Friedmann, Welsh/Desberg*, 1980, *Seymour* 1986, zusammenfassend vgl. *Scheerer-Neumann* 1996a). Auch in diesen Konzeptionen sind die Einheiten auf der orthographischen Stufe größer als auf der alphabetischen, wenn auch nicht im Sinne eines direkten Zugriffs zum ganzen Wort.

Neu war ein großer Teil der Beobachtungen, die in das Stufenmodell von *Frith* eingingen, keineswegs; die Ganzheitsmethodiker waren ja genau davon ausgegangen, dass entwicklungsgemäß der Lesebeginn eher ganzheitlich, also logographisch ist und erst dann eine lautorientierte Phase folgt. *Uta Frith* hat diese Beobachtungen auf den Punkt gebracht und ich denke, es war auch wichtig, dass das Modell von einer Kognitionspsychologin formuliert wurde und so wissenschaftlich im Trend der Zeit lag.

Das Modell kann heute in seiner allgemeinen Struktur als Rahmenmodell für den Schriftspracherwerb gelten (zu Differenzen in der Konzeption der orthographischen Strategie s.u. S. 43ff.) und ich werde es als Bezug für meine weiteren Ausführungen nutzen. Zwei Einschränkungen sind jedoch notwendig: Es darf nicht übersehen werden, dass das Modell nur einen ausgewählten Bereich des Schriftspracherwerbs abdeckt, nämlich das Lesen und Schreiben einzelner Wörter und auch das nicht vollständig; modelliert werden nur die jeweils beim Lesen und Schreiben dominanten Prozesse, nicht jedoch der Erwerb der zugrunde liegenden Gedächtnisrepräsentationen. Durch die gewählte Wortebene werden höhere Lesestrategien nicht berücksichtigt wie das Wiederholen von schon Gelesenem zur Sinnentnahme, das Verfolgen und Überprüfen der syntaktischen und semantischen Stimmigkeit sowie die Reaktion auf Unstimmigkeiten. Diese Lesestrategien spielen im Leseprozess von Anfang an eine Rolle und dürfen prinzipiell nicht vernachlässigt werden. Trotzdem ist die Verarbeitungsebene einzelner Wörter keine schlechte Wahl zur Modellierung beginnender Schriftkompetenz: Hier sind Lesen und Schreiben weitgehend noch schriftspezifisch; höhere Prozesse wie z.B. die innere Textkonstruktion spielen auch beim Hörverstehen eine Rolle. Es besteht generell eine hohe Korrelation zwischen der Geschwindigkeit beim Erkennen einzelner Wörter und der allgemeinen Leseleistung sogar noch in den höheren Schuljahren. Das Worterkennen kann als eine Art Nadelöhr des Lesens gelten.

Die zweite Einschränkung betrifft die Entwicklungsdynamik, weil sie sehr wahrscheinlich auf den deutschen Sprachraum in dieser Form nicht zutrifft: *Frith* nimmt eine Entwicklungssequenz an, bei der Lesen und Schreiben abwechselnd die Führung übernehmen: Der logographische Zugang zur Schrift beginnt danach mit dem Lesen, der alphabetische beim Schreiben, weil beim Schreiben die Mängel einer logographischen Strategie besonders deutlich werden. Die orthographische Strategie setzt wiederum beim Lesen ein und wird erst danach auf das Schreiben übertragen. Obwohl die Entwicklungssequenz logographisch-alphabetisch-orthographisch für den Bereich der Rechtschreibung auch im deutschen Sprachraum recht gut gestützt wird (*May* 1990, *Scheerer-*

Neumann, Kretschmann, Brügelmann 1986, *Spitta* 1985), findet sich keine Bestätigung für den wechselweisen Entwicklungsvorsprung von Lesen und Schreiben. Alphabetisches Lesen und Schreiben scheinen sich parallel zueinander zu entwickeln. Möglicherweise spielen hier die strukturellen Merkmale der jeweiligen Schriftsprachen und die bevorzugte Methodik des Erstleseunterrichts eine Rolle.

Die skizzierten Stufenmodelle des Schriftspracherwerbs dürfen nicht als elaborierte, empirisch umfassend untermauerte Theorien angesehen werden; vielmehr sind es mutige Entwürfe aus einer Zeit, die dem genuin entwicklungsorientierten Ansatz noch wenig Raum gegeben hat. Entsprechend ist eine konstruktive Kritik nicht nur zu erwarten, sondern auch zu wünschen (z.B. *Nation/Hulme* 1996). Kritische Überlegungen sowie bestätigende aber auch abweichende Befunde zu den einzelnen Strategien beim Schriftspracherwerb werden in den folgenden Abschnitten dargelegt werden. Im Hinblick auf die generelle Kritik vor allem am Modell von *Frith* sollen zwei Punkte schon an dieser Stelle herausgegriffen werden, die *Eichler* (1986) diskutiert:

- Eine reine Sequenz in der Entwicklung der Strategien erscheint bei der derzeitigen Befundlage unwahrscheinlich. Auf der anderen Seite ist eine gewisse zeitliche Staffelung vor allem im Hinblick auf die frühe Entwicklung der alphabetischen Strategie und die erst spätere Nutzung orthographisch/morphematischer Strukturen nachweisbar. *Eichler* nimmt eine hierarchische Parallelität der Strategien an, um beiden Befunden Rechnung zu tragen. Im vorliegenden Kapitel wird diese Konzeption befürwortet, wenn auch aus Darstellungsgründen eine sequen-

Spontane Schreibungen	Lernwörter
1. *Kritzeln und zufällige Buchstabenfolgen*	*eigener Name, sehr wenige Wörter*
2. *Beginnende lautorientierte Strategie:* nur wenige Phoneme eines Wortes werden verschriftet, z.B. konsonantische Skelettschreibungen: HS (Haus) RS (Rose) ELF (Elefant)	*Wenige Lern*wörter Die meisten Buchstaben müssen bewusst eingeprägt werden
3. *Entfaltete lautorientierte Strategie.* Fast alle Phoneme werden verschriftet (z.B. Kint). Schwierigkeiten noch bei Konsonantenhäufungen (oft wird ein Konsonant ausgelassen) und langen Wörtern	*Der Erwerb von Lernwörtern ist jetzt leichter, weil er durch die erkannten Phoneme gestützt wird.* *Gebrauch einer „Rechtschreibsprache" („Pilotsprache"), die sich an der Schreibweise der Wörter orientiert*
4*. *Voll entfaltete lautorienterte Strategie: alle Phoneme werden wiedergegeben; gelegentlich Verschriftung „übergenauer" Artikulation z.B. Khint, Phaul*	*Relativ leichter Erwerb von Lernwörtern*
5*. *Voll entfaltete lautorientierte Strategie, korrigiert durch erste orthographische Muster und Regelmäßigkeiten,* z.B. Einsicht in Bausteine -er, -en, -el *Kinder,* aber auch Übergeneralisation wie in *Oper* (Opa)	*Erwerb von Lernwörtern noch weiter erleichtert;* unter Druck aber oft Rückfall in rein lautorientiertes Schreiben
6. *wie 5.* *Weiteres Erkennen (auch durch direkte Vermittlung) von orthographischen Mustern und Regelmäßigkeiten*	*Sehr leichter Erwerb von Lernwörtern*
7. *Überwiegen des Lernens und Abrufens von Lernwörtern gegenüber spontanem Schreiben*	* Stufen treten oft schon parallel auf

Abb. 3: Differenziertes Modell der Schreibentwicklung unter Berücksichtigung der Eintragungen im orthographischen Lexikon („Lernwörter") (aus Scheerer-Neumann 1996 d)

tielle Folge der Strategien gewählt werden muss.

- *Frith* geht davon aus, dass im Laufe der Entwicklung die bestehenden Strategien in den jeweils höheren aufgehen, d.h. dem Kind dann nicht mehr zur Verfügung stehen. Diese Annahme ist kritisch und im Detail für die einzelnen Strategien und für unterschiedliche Geltungsbereiche zu überprüfen. Schon aus derzeit vorliegenden Beobachtungen ist ein „Sowohl-als-auch" wahrscheinlich: Während der erwachsene Leser eine ihm vertraute alphabetische Schrift unter normalen Bedingungen tatsächlich nicht mehr logographisch lesen kann, kann er auf diese Strategie doch bei fremden Schriften zurückgreifen. Auch die kleinschrittige alphabetische Lesestrategie lässt sich, nachdem sie schon überwunden ist, beim Lesen z.b. komplizierter Namen wieder aktivieren.

Insgesamt besteht in der Literatur eine grobe Übereinstimmung im Hinblick auf die im Modell von *Frith* postulierten Strategien und ihrer Abfolge, wenn es auch im Einzelnen unterschiedliche Akzentsetzungen und Begrifflichkeiten gibt. Auch die Kritiker von Stufenmodellen können qualitative Veränderungen in den Zugriffsweisen beim Lesen im Laufe der Entwicklung nicht leugnen (z.B. *Stuart/Coltheart* 1988). Die in Deutschland entwickelten Modelle (vgl. Abb. 3) sind detaillierter als das Modell von *Frith*. Vor allem für die Praxis hat es sich als sinnvoll erwiesen, innerhalb der alphabetischen Strategie zu differenzieren zwischen:

- beginnendem lautorientiertem Schreiben
- vollständigeren Verschriftungen
- und (fast) vollständigen lautorientierten Verschriftungen.

Entwicklungssequenzen dieser Art lassen sich in einer Vielzahl von Studien nachweisen, sowohl in Einzelfalluntersuchungen (vgl. Scheerer-Neumann 1988), aber auch in Gruppenstudien wie bei May (1990).

Dominierende Lese- und Schreibstrategien: Befunde und offene Fragen

Diskrepante Ansätze und Befunde und offene Fragen gibt es hinsichtlich der genauen Definition der einzelnen Strategien und der Frage nach den Entwicklungsbedingungen: Liegt eine weitgehend autonome Entwicklung vor, die nur von den Eigenschaften der jeweiligen Schriftsprache bedingt wird oder gibt es entscheidende Einflüsse der Methodik des Erstleseunterrichts? Und: Kann das Entwicklungsmodell ein didaktisches Modell sein? Diese Fragen sollen im Folgenden für ausgewählte Strategien getrennt besprochen werden.

Logographisches Lesen und Schreiben

Die Strategie des logographischen, noch nicht lautorientierten ganzheitlichen Lesens ist das typische Lesen des Vorschulkindes, das auf diese Weise seinen Namen, Schilder usw. lesen kann. Es kann heute als gesichert gelten, dass die Kinder sich dabei nicht an der Gesamtform des Wortes orientieren, wie dies die Ganzheitsmethodiker angenommen haben, sondern einzelne Merkmale – das können auch Buchstaben sein – beachten und die Einbettung des Wortes in einen Kontext intensiv nutzen. Vergleichende Untersuchungen von *Wimmer/Hartl/Moser* (1990) mit englischsprachigen und deutschsprachigen Kindern haben gezeigt, dass englische Kinder weit länger logographisch lesen als deutschsprachige. Logographisches Lesen an sich ist aber auch bei deutschen Kindern nachweisbar; wie Einzelbeobachtungen zeigen, lesen deutsche Kinder viele Wörter auch dann noch teilweise logographisch, wenn der Fibellehrgang schon ein Erlesen nahelegt. Übrigens ist die Annahme eines rein logographischen Lesens über einen längeren Zeitraum auch bei englischsprachigen Kindern nicht unumstritten: *Ehri/Wilce* (1985) fanden, dass Kinder, die überhaupt schon einige Wörter lesen können, einzelne Phonem-Graphem-Korrespondenzen zusammen mit einer logographischen Strategie nutzen („phonological cue reading"). Eine solche Mischform – gemischt auch noch mit Raten – habe ich auch bei deutschen Kindern beobachtet.

Diese Aussagen klingen mit den notwendigen Qualifikationen nicht sehr kontrovers. Es gibt für die didaktische Anwendung aber zwei kritische Fragen:
- Muss jedes Kind die Phase des logographischen Lesens durchlaufen?
- Ist es sinnvoll bei Kindern, die mit dem lautorientierten Lesen Schwierigkeiten haben, im Leseunterricht mit der logographischen Lesestrategie zu beginnen?

Die erste Frage kann eindeutig mit NEIN beantwortet werden; Einzelfallstudien zeigen, dass bei Kindern Lesen auch mit der alphabetischen Strategie beginnen kann *(Andrea* in *Scheerer-Neumann et al.,* 1986). Die zweite Frage ist sehr viel schwieriger zu beantworten. Natürlich wird man Kinder, die bereits beginnen, lautorientiert zu lesen, nicht auf die Stufe des logographischen Lesens zurückholen. Aber für sehr schriftferne Kinder, die noch gar kein Konzept von Buchstaben und ihrer Funktion haben, kann ein ganzheitlicher Lesebeginn durchaus

sinnvoll sein. Daten zur Klärung dieser Frage liegen noch nicht vor.

Die alphabetische Strategie beim Schreiben

Es besteht auch eine große Übereinstimmung in der Forschungsliteratur in der Beurteilung der Bedeutung der alphabetischen Phase für den Schriftspracherwerb. Zumindest die ihr zugrunde liegende Fähigkeit der phonologischen Analyse wird für den Erwerb einer alphabetischen Schrift als absolut notwendig erachtet und es ist übereinstimmend diese Entwicklungsphase, in der die meisten lese-rechtschreibschwachen Kinder zum ersten Mal scheitern. Dass Kinder auf dieser Stufe spontan lautorientiert schreiben, ist nicht nur an spezi-

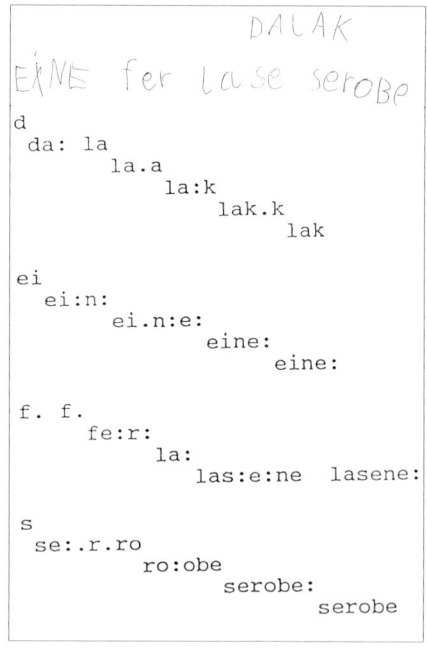

Abb. 4: Mitsprechen beim Schreiben auf der alphabetischen Stufe (: = gedehnt gesprochen, . = neu angesetzt)

38

fischen Rechtschreibfehlern und ihrer Fähigkeit zu erkennen, orthographisch noch unbekannte Wörter zu verschriften, sondern auch oft ganz unmittelbar beobachtbar (vgl. Abb. 4).

Kinder, die die phonologische Analyse nicht leisten können und damit die alphabetische Strategie nur sehr unvollständig beherrschen, haben große Probleme, weil der logographisch erwerbbare Schreibwortschatz ohne die Hilfe durch das Laut- oder Sprechschema offensichtlich nicht sehr groß sein kann oder nur durch ein besonderes Training erworben wird. Dieser Zusammenhang ist in der Vergangenheit oft nicht erkannt worden und hat Lehrerinnen und Lehrer, Eltern und Schülerinnen und Schüler verzweifeln lassen: Wie ist es möglich, dass nach intensivster Übung Wörter noch immer falsch geschrieben werden?

Interessanterweise spielt die phonologische Ebene nicht nur in alphabetischen Schriftsystemen eine Rolle. Auch das Chinesische hat z.B. Radikale mit phonologischer Information und es wird auch im Chinesischen angenommen, dass die Kinder zuerst rein logographisch lesen und später erst diese phonologische Information nutzen.

Dem Erwerb der alphabetischen Strategie kommt also eine Schlüsselstellung beim Schriftspracherwerb zu. Die derzeitige Bevorzugung analytisch-synthetischer Ansätze im Erstlese- und -schreibunterricht geht prinzipiell damit konform. Aber es bleiben auch offene Fragen, z.B. die folgende: Sollte die alphabetische Strategie beim Schreiben in „reiner" Form in der Schule explizit eingeübt und gefördert werden, wie dies in der Methode „Lesen durch Schreiben" von *Jürgen Reichen* (1982) der Fall ist?

Oder ist lautorientiertes Schreiben unvermeidlich, sollte aber möglichst schnell durch Einsichten in orthographische Strukturen überlagert werden?

Dass es unterrichtsbedingte Effekte gibt, dass der Entwicklungsverlauf vom Lernangebot abhängt, kann ich aus meinen Beobachtungen an der Laborschule in Bielefeld zeigen. Kinder, an die während der ersten 2 Schuljahre nur in geringem Umfang der Anspruch orthographisch richtigen Schreibens gerichtet wird, verfolgen tatsächlich eine sehr „saubere" lautorientierte Strategie. Abweichend von der reinen Lautorientierung ist in der Geschichte auf Abbildung 5 nur das Element -<en> zu beobachten, das auch bei anderen spontanschreibenden Kindern relativ früh auftritt. Es kann als morphematische Schreibung interpretiert werden, aber auch als Einsicht in die graphematische Schreibsilbe, die einen Vokal als Silbenkern fordert.

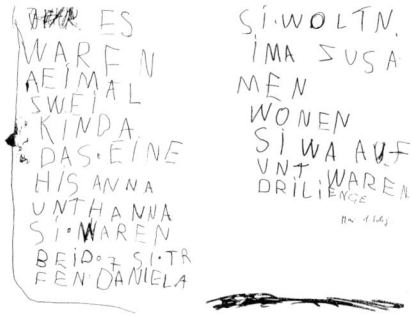

Abb. 5: Lautorientiertes Schreiben mit wenigen morphematischen Korrekturen (-en). (Mai 1. Schuljahr, Laborschule).

Auch intensiv alphabetisch schreibende Kinder erreichen in einem nachfolgenden Rechtschreibunterricht ein durchschnittliches Leistungsniveau: Globale Leistungsvergleiche zwischen Schweizer Klassen, die nach der Methode von *Rei-*

chen unterrichtet wurden und westdeutschen Schulklassen am Ende des 4. Schuljahrs ergaben, wie *Hans Brügelmann* gezeigt hat, kaum Unterschiede in der Rechtschreibleistung besonders beim Schreiben freier Texte. Trotz dieses schon vorliegenden Vergleichs halte ich die Untersuchung der Interaktionen zwischen Unterrichtsbedingungen und Entwicklungsverläufen und der nach Abschluss der Grundschulzeit erreichten Lese- und Rechtschreibleistungen für ein vordringliches Forschungsdesiderat. Dies ist allerdings ein Unterfangen, das methodologisch und methodisch nur sehr schwer zu realisieren ist. Es reicht nicht aus, Klassen mit unterschiedlichen Unterrichtskonzepten zu vergleichen. Sehr genaue Beobachtungen des Lernangebots „vor Ort" sind notwendig und dies wird umso schwieriger, je größer die Zahl der beobachteten Kinder ist. Eine große Zahl ist aber notwendig, sobald wir versuchen, vom Deskriptiven doch hin zur Kausalanalyse zu kommen.

Phonologische Bewusstheit

Bevor ich auf das alphabetische Lesen zu sprechen komme, möchte ich mich einer wichtigen Fähigkeit zuwenden, die der alphabetischen Stufe zugrunde liegt; dies ist die „phonologische Bewusstheit". Im allgemeinen Sinn bedeutet dies die Fähigkeit, Wörter in ihren lautlichen Eigenschaften wahrzunehmen und zu analysieren und im engeren Sinn, sie in Phoneme zu gliedern und mit Phonemen zu operieren. Diese Fähigkeit gilt zur Zeit in der internationalen Forschung als der Knackpunkt des Lesen- und Schreibenlernens (*Goswami/Bryant*, 1990). Phonemanalytische Fähigkeiten korrelieren sehr hoch mit den Lese- und Schreibleistungen vor allem während der ersten Schuljahre und haben – auch wenn sie schon im Kindergartenalter erhoben

werden – einen hohen Vorhersagewert für die Lese- und Schreibleistung am Ende des 1. Schuljahrs und auch in späteren Klassen der Grundschule (*Marx*, 1992). Dass die phonologische Bewusstheit eine wichtige Komponente der alphabetischen Strategie ist, steht außer Frage. Umstritten ist jedoch der kausale Bezug: Ist sie eine Voraussetzung oder eher eine Folge lautorientierten Lesens und Schreibens? Für beide Positionen, die in der Literatur z.B. durch *Lundberg* (z.B. *Lundberg/Olofssen/Wall*, 1980) auf der einen und die Gruppe um *Morais/Bertelson* in Brüssel (z.B. *Morais/Carey/Alegria/Bertelson*, 1979) auf der anderen Seite vertreten werden, gibt es relevante Befunde:

- Die schon erwähnte gute Vorhersageleistung des späteren Lesens und Schreibens bereits im Kindergartenalter spricht für die Funktion einer „Voraussetzung".
- Auf der anderen Seite lässt es sich ganz eindeutig nachweisen, dass phonemanalytische Leistungen durch den Schriftspracherwerb selbst gefördert werden: Phonemanalytische Leistungen nach wenigen Schulmonaten sind bei denjenigen Kindern besser, die an einem analytisch-synthetischen im Vergleich zu einem ganzheitlichen Lehrgang teilgenommen haben (*Morais/Bertelson/Carey/Alegria*, 1986). Erwachsene Analphabeten in Portugal verfügen nur über rudimentäre lautanalytische Fähigkeiten (*Morais et al.*, 1979).

Diese beiden Positionen haben Konsequenzen für die Praxis. Wenn man das phonologische Bewusstsein als Voraussetzung zum Schriftspracherwerb ansieht, liegt es nahe, es schon vorschulisch zu trainieren, auch um die Heterogenität in den Lernvoraussetzungen der Kinder zu reduzieren. Es gibt hierzu

Trainingsstudien von *Lundberg* in Dänemark (*Lundberg/Forst/Peterson*, 1988) und aus neuerer Zeit von *Schneider* (*Schneider/Visé/Reimers/Blässer*, 1994) in Würzburg und Umgebung. In diesen Untersuchungen wurde ausschließlich auf der Ebene der gesprochenen Sprache gearbeitet; Buchstaben wurden nicht eingeführt. Die Befunde zeigen, dass die Phonemanalyse in gewissem Maße schon vorschulisch trainierbar ist, wenn keine zu komplexen Aufgaben gestellt werden. Sie zeigen auch einen Transfer auf die Leseleistung in den ersten Schuljahren, die effektmäßig aber nicht sehr eindrucksvoll ist und bei *Schneider et al.* auch nur dann zu beobachten war, wenn das Training gut durchgeführt wurde.

Aus anderen Studien wird deutlich, dass der Trainingseffekt dann stärker ist, wenn das Training mit beginnenden Lese- und Schreibübungen gekoppelt wird (*Hohn/Ehri*, 1983). Dies entspricht meinen Erwartungen; ich denke, dass Kinder Phoneme erst in ihrer Korrespondenz zu Graphemen richtig begreifen können. Diese Kontroverse muss natürlich auch auf dem Hintergrund des pädagogischen Konzepts unseres Kindergartens gesehen werden, das bisher die Schriftsprache ausschließt. Ein vorschulisches Training ist bei uns zumindest derzeit nur in der rein sprachlich orientierten Form ohne die Einführung von Buchstaben möglich.

Lesen auf der alphabetischen und der orthographischen Stufe

Das beginnende alphabetische Lesen geschieht zumeist in sehr offener Form und ist damit direkt beobachtbar: [ti:.ge:r:] [bɛ:r:]. Kinder nutzen Graphem-Phonem-Korrespondenzen und synthetisieren die Phoneme mit hörbarer An-

strengung. Die weitere Entwicklung ist leider weniger direkt beobachtbar; gelegentlich wird deutlich, dass Kinder die Silbenstruktur nutzen: So lesen sie Postamt, Oste-rei, Hühne-rei. Dass im weiteren Entwicklungsverlauf größere Einheiten als das Graphem funktional eine Rolle spielen, ist eine Annahme schon der frühen Leseforschung. Es gibt zahlreiche Experimente, die keineswegs immer zu den gleichen Ergebnissen kommen, vielleicht z.T. bedingt durch die unterschiedlichen Strukturen der verschiedenen Untersuchungssprachen. Als mögliche mittlere Einheiten zwischen Graphem und Wort werden heute diskutiert: Häufige Konsonantengruppen, Silben, Morpheme, kurze Wörter und seit neustem auch eine Struktur innerhalb der Silbe: Silbenbeginn und Silbenreim (z.B. *Wise/Olson/Treiman* 1990).

H and
Br ot
Kl eid

Im Hinblick auf Silbenbeginn und Silbenreim als funktionale Einheiten beim Lesen scheint es sprachspezifische Effekte zu geben: Im Gegensatz zum Englischen bringt im Holländischen die Vorstrukturierung in Silbenbeginn und Reim für Kinder keinen Lesevorteil (*van den Bosch* 1991). Ich könnte mir denken, dass im Englischen die Zusammengehörigkeit des Reims wichtiger ist, weil die dem Vokal nachfolgenden Grapheme die Qualität des Vokals stärker beeinflussen als im Deutschen.

Für noch weitgehend ungeklärt halte ich die Analyse des Lesens von „Sichtwörtern", also dem nicht mehr erlesenden direkten Worterkennen jenseits des logographischen Lesens. Nach *Uta Frith* gehört dies zur orthographischen Stufe. Es ist aber ganz offensichtlich ein Worterkennen, das auch schon relativ früh auftritt. Man kann im 1. Schuljahr beobachten, dass Kinder manche Wörter sehr schnell erkennen, andere ausgiebig erlesen. Dieses direkte Erkennen ist auch schon dann zu sehen, wenn vermutlich noch keine größeren funktionalen Einheiten gebildet wurden. Ist dieser Zugang zunächst doch eher noch ein logographisches Lesen oder müssen wir ganz andere Modelle nutzen, z.B. konnektionistische, die ganz ohne die Zwischenstufe mittlerer Einheiten auskommen (*Rumelhart/McClelland* 1981)? Die entwicklungspsychologische Modellierung wortspezifischer Effekte beim Lesen ist noch unzureichend, aber notwendig: Im frühen Anfangsunterricht (*Jansen* 1992) und in Lesetrainings (*Fiedorowicz* 1986) finden sich in der Regel starke wortspezifische Effekte. *Ehri* (1987, 1991) hat eine interessante Konzeption entwickelt, die sowohl der Bedeutung des alphabetischens Lesens beim Schriftspracherwerb gerecht wird als auch wortspezifische Effekte berücksichtigt. Die verschiedenen Merkmale eines Wortes werden verschmolzen (amalgated): „Our theory is that spellings of words are stored by amalgamating their orthographic identities with the other identities already present in memory; most importantly the phonological identity, but also the syntactic and semantic identities" (*Ehri*, 1991, S. 67). In einer weiteren bemerkenswerten Arbeit zur Entwicklung von Sichtwörtern benutzt *Share* (1995) zwar einen Entwicklungsbegriff, wendet ihn aber nicht primär auf die Lesestrategie der Kinder, sondern auf die gelesenen Wörter an: Danach durchlaufen Wörter Stufen in Abhängigkeit von der Häufigkeit der Lesung. Je häufiger ein Wort gelesen wird, umso mehr wird es zu einer Einheit und schließlich direkt erkannt. Auch bei diesem Lernprozess spielt das alphabetische Erlesen

eine wichtige Rolle, weil es einen „self-teaching process" erlaubt. Das Worterkennen wird immer lexikalischer; trotzdem bleibt Lesen doch immer ein Lesen unter der Nutzung phonologischer Information und wird nicht zum direkten, bildähnlichen Worterkennen. In vielen Experimenten lassen sich im Hinblick auf die Prozesse Unterschiede zwischen dem Lesen von Wörtern und dem Benennen von Bildern aufzeigen (s. schon *Fraisse* 1960). So ist z.B. Lesen immer schneller als Benennen und im Gegensatz zum Benennen weitgehend unabhängig von der Anzahl der verschiedenen Items, die zur Ermittlung der Zeiten vorgegeben werden. Einen besonders interessanten Hinweis auf diese Unterschiedlichkeit fand ich vor kurzem in einem interkulturellen Vergleich: Im Japanischen werden Farbnamen normalerweise in Kanj (logographische Schrift) geschrieben; trotzdem konnten die Versuchspersonen die Farbnamen schneller laut lesen, wenn sie in der – für sie ungewöhnlichen – Silbenschrift Kana geschrieben waren, durch die die Segmente der gesprochenen Sprache repräsentiert werden. Interessant wäre natürlich auch ein Vergleich der Geschwindigkeiten, mit der die Bedeutung unter den beiden Bedingungen entschlüsselt werden kann.

Der alphabetische Zugang hat also beim Lesen phonographischer Schriften eine Schlüsselfunktion. Muss es aber in der ontogenetischen Entwicklung unbedingt eine Stufe des kleinschrittigen alphabetischen Erlesens geben oder sind von Anfang an größere funktionale Einheiten denkbar? *Reichen* (1994) behauptet, dass bei Kindern, die nach seiner Methode „Lesen durch Schreiben" unterrichtet werden, das Lesen im Vergleich zum Schreiben verzögert beginnt, die Kinder dann aber sofort in größeren Einheiten lesen, ja er vergleicht das dann auftretende Lesen mit dem Erkennen von Bildern.

Dass dieser Vergleich nicht richtig ist, wurde schon gezeigt, aber der mögliche Beginn mit größeren Einheiten beim Lesen nach Übung mit dem alphabetischen Schreiben ist eine offene Forschungsfrage. Meine Vermutung ist allerdings die, dass die Kinder bei der Methode „Lesen durch Schreiben" schon bald nach Schreibbeginn – und dann vermutlich kleinschrittig – lesen, auch wenn dies nicht von ihnen verlangt wird. Eine Art Erlesen tritt allein schon bei der Kontrolle beim alphabetischen Schreiben auf; als Teilprozess des Schreibens wird es von den Kindern selbst vielleicht gar nicht als „Lesen" empfunden. Das später vom Lehrer angeregte Lesen könnte dann in der Tat schon auf größeren funktionalen Einheiten basieren. Dies sind nur Vermutungen; Forschungsarbeit ist hier dringend notwendig.

Die orthographische Stufe beim Schreiben

Die orthographische Stufe beim Schreiben kann aus Raumgründen nur noch kurz angerissen werden: Die ursprüngliche Konzeption der orthographischen Strategie von *Frith* (1985) als einer direkten Strategie wird in der heutigen Schriftspracherwerbsforschung nicht geteilt. Die orthographisch/morphematische Strategie gilt als Strategie zur Korrektur der rein phonographischen Strategie, ohne Implikation deren Aufgabe (*Ehri* 1992). Durch direkte Instruktion im Unterricht und/oder durch die eigenaktive Auseinandersetzung mit Lernwörtern gewinnen die Kinder einen Einblick in orthographische Strukturen, die sie nun bei Konstruktionen neben phonographischen Prinzipien einsetzen (vgl.

Balhorn, 1985). Der Beginn der orthographisch/morphematischen Strategie muss sich nicht erst an die voll entfaltete alphabetische Strategie anschließen, sondern kann vor allem in einem entsprechend gesteuerten Unterricht ebenso schon parallel zu ihr auftreten. Für den Erwerb der relevanten orthographischen Strukturen ist ein Zeitraum von mehreren Jahren anzusetzen, so dass es sich anbietet, auch diese Phase weiter zu unterteilen. Allerdings ist vermutlich keine reine Sequenz angemessen, sondern eher eine Konstellation, die *Eichler* (1995) als zeitlich versetzte Parallelität bezeichnet. Insofern ist es fraglich, ob überhaupt von einer orthographischen Strategie gesprochen werden sollte. „Orthographisch richtiges Schreiben kommt eher durch ein Bündel verschiedener Strategien zustande, als dass es selbst eine Strategie ist" (*Eichler/Thomé* 1995, S. 35). Relativ früh scheinen die Endmorpheme <-en> und <-er> erworben zu werden (vgl. Abb. 5), relativ leicht zu vermitteln sind auch die Morphemkonstanz und die wichtigsten Prinzipien der Groß- und Kleinschreibung. Ob überhaupt, ab wann und unter welchen Instruktionsbedingungen die suprasegmentalen Strukturen der Dehnung und Schärfung beherrscht werden, ist noch eine offene Forschungsfrage (vgl. aus neuerer rechtschreibdidaktischer Sicht hierzu *Roeber-Siekmeyer,* 1993). Nach den Untersuchungen von *May* (1990) wird der morphemische Aufbau von Wörtern erst ziemlich spät genutzt: Bei dem Wort <Fahrrad>, das an drei Stellen von der phonographisch zu erwartenden Schreibweise abweicht, wurde das zweite <r>, das sich aus der Morphemstruktur des Wortes ergibt, sowohl von schwachen als auch von guten Rechtschreibern erst nach den beiden anderen Schwierigkeiten (Dehnungs-h und Auslautverhärtung) berücksichtigt.

Nicht nur der Orthographieerwerb insgesamt, auch die Aneignung der einzelnen orthographischen Strukturen, die jeweilige innere Regelbildung (*Eichler*) ist ein Prozess mit qualitativen Verlaufsmerkmalen. Bekannt ist das Phänomen der Übergeneralisierung: Bestimmte Rechtschreibfehler treten erstmals dann auf, wenn ein Kind sich überhaupt mit der entsprechenden orthographischen Struktur befasst (z.B. <Hannd>). In einem größeren Projekt untersucht *Eichler* seit einigen Jahren den Verlauf der inneren Regelbildung. Für den Bereich der <f>-<v>-Schreibung konnten *Eichler/Thomé* (1995) zeigen, dass nach einer anfänglichen Sicherheit (vermutete innere Regel: „Den Laut /f/ schreibe ich normalerweise mit <f>, außer bei bestimmten Wörtern, die ich kenne"), Fehler durch nicht-indizierte <v>-Schreibungen entstehen (z.B. <vreundlich>, <Vutterhäuschen>), die erst allmählich – vermutlich durch morphematische Einsichten – reduziert werden. Übereinstimmend mit dieser Hypothese bleiben Fehler bei <vertig> und <vortschrittlich> besonders lange bestehen.

Im Laufe des Erwerbs der Rechtschreibung verändert sich das Verhältnis von Abrufen und Konstruktion zugunsten des lexikalischen Prozesses, der weitgehend automatisiert wird. Allerdings bleiben phonemanalytische bzw. artikulatorische Prozesse zur Handlungssteuerung auch beim Erwachsenen erhalten; das „leise, innere Mitsprechen" beim Schreiben steuert die Abfolge auch der bekannten Grapheme eines Wortes.

Lese-Rechtschreibschwäche

Zum Abschluss noch ein kurzer Blick auf das Forschungsgebiet der Lese-Rechtschreibschwäche, dessen wichtigste neuste Ergebnisse schon im Abschnitt „phonologische Bewusstheit" angesprochen wurden (Übersicht in *Scheerer-Neumann* 1993, 1996b). Das phonemanalytische Problem lese-rechtschreibschwacher Kinder, das schon in den 60er Jahren in der Forschung der DDR diskutiert wurde (*Kossakowski* 1961), gilt heute als das zentrale Phänomen der Lese-Rechtschreibschwäche. Trotzdem ist für die Intervention kein Defizitmodell angemessen, das isolierte Übungen im Problembereich fordert. Es hat sich in der Praxis bewährt, Lese-Rechtschreibschwäche im Kontext der Entwicklungsmodelle zu analysieren und lese-rechtschreibschwache Kinder primär als Kinder mit einer Entwicklungsverzögerung im Bereich der Schriftsprache zu betrachten. Tatsächlich lassen sich bei lese-rechtschreibschwachen Kindern ähnliche Lese- und Schreibprozesse nachweisen wie bei anderen Kindern zu einem früheren Zeitpunkt ihrer Entwicklung. Die zeitlich prolongierten Probleme lese-rechtschreibschwacher Kinder im phonemanalytischen Bereich sind prinzipiell mit den Schwierigkeiten vergleichbar, die alle Leselerner mit der für sie neuen Aufgabe haben. Die Notwendigkeit zusätzlicher und evtl. auch besonderer Fördermaßnahmen (z.B. die Arbeit mit isolierten Silben) ist durchaus mit diesem Rahmenmodell vereinbar. Trotzdem bedeutet diese Grundannahme nicht, dass die Probleme lese-rechtschreibschwacher Kinder ausschließlich auf der Dimension der Entwicklung abbildbar sein müssen. Durch unzureichende Problemlösungsstragegien (*Dehn* 1988) und Sekundärsymptomatiken aufgrund des Misserfolgs wird die Gesamtproblematik noch weit komplexer. Die entwicklungspsychologische Sicht liefert eine Beschreibung, von der schriftspezifische Handlungsanweisungen ableitbar sind. Um sie umzusetzen, muss der Erstlese- und -schreibunterricht ein sehr differenziertes Lernangebot und die pädagogischen Rahmenbedingungen für individuell unterschiedliche Entwicklungsverläufe bereitstellen. Nur dann kann die Praxis wirklich von den Forschungsergebnissen zum Schriftspracherwerb profitieren.

`

Literatur

Balhorn, H. (1985). Fehleranalysen. Ein versuch, ausschnitte des regelbildungsprozesses, in dem lerner sich das orthographische system rekontruieren, zu konstruieren. In: *Augst, Gerhard* (Hrsg.). Graphematik und Orthographie. Frankfurt u.a.: Peter Lang.

Baurmann, J. (1996). Aspekte der Aneignung von Schriftlichkeit und deren Reflektion. In: *Günther, H./Ludwig, O.* (Hrsg.). Schrift und Schriftlichkeit – Writing and its use. Berlin, New York: de Gruyter. S. 1118–1129.

Brügelmann, H./Richter, S. (Hrsg.) (1994). Wie wir recht schreiben lernen: 10 Jahre Kinder auf dem Weg zur Schrift. Lengwil: Libelle.

Chall, J.S. (1979). The great debate: Ten years later and a modest proposal for reading stages. In: *Resnick, L.G./Weaver, P.A.* (Hrsg.). Theory and practice of early reading. (vol. 1, S. 29–56). Hillsdale, N.J.: Lawrence Erlbaum.

Coltheart, M. (1978). Lexical access in simple reading tasks. In: *Underwood, G.* (Hrsg.). Strategies of information processing. London: Academic Press.

Dehn, M. (1988). Zeit für die Schrift. Bochum: Kamp.

Ehri, L. (1987). Learning to read and spell words. Journal of Reading Behavior, 19, S. 5–31.

Ehri, L. (1991). Learning to read and spell words. In: *Rieben, L./Perfetti, Ch.* (Hrsg.). Learning to read. Hillsdale, N.J.: Lawrence Erlbaum. S. 57–73.

Ehri, L.C./Wilce, L.S. (1985). Movement into reading: Is the first stage of printed word learning visual or phonetic? Reading Research Quarterly, 20, 163–179.

Ehri, L. (1992). Review and commentary: Stages of spelling development. In: *Templeton, Shane/Bear, Donald* (Hsg). Development of orthographic knowledge and foundations of literacy. A Memorial Festschrift for *Edmund H. Henderson*. Hillsdale, N.J.

Eichler, W. (1986). Zu *Uta Frith's* Dreiphasenmodell des Lesens und (Schreiben)lernens. Oder: Lassen sich verschiedene Modelle des Schriftspracherwerbs aufeinander beziehen und weiterentwickeln? In: *Augst, G.* (Hsg.). New Trends in Graphemics and Orthography. Berlin.

Eichler, W. (1995). Schreibenlernen. Bochum: Kamp.

Eichler, W./Thomé, G. (1995). Bericht aus dem Forschungsprojekt „Innere Regelbildung im Orthographieerwerb im Schulalter". In: *Brügelmann, H., Balhorn, H./Füssenich, I.* (Hsg.). Am Rande der Schrift. Konstanz: Faude.

Fiedorowicz, C.A.M. (1986). Training of component reading skills. Annals of Dyslexia, 36, S. 318–334.

Fraisse, P. (1960). Recognition time measured by verbal reaction to figures and words. Perceptual and Motor Skills, 11, 204.

Frith, U. (1985). Beneath the surface of developmental dyslexia. In *Patterson, K.E./Marshall, J.C./Coltheart, M.* (Hrsg.). Surface dyslexia. Hillsdale, N.J.: Lawrence Erlbaum. S. 301–330.

Goswami, U./Bryant, P. (1990). Phonological skills and learning to read. Hove: Lawrence Erlbaum.

Hohn, W.E./Ehri, L. (1983). Do alphabet letters help prereaders acquire phonemic segmentation skill? Journal of Educational Psychology, 75, S. 752–762.

Jansen, H. (1992). Untersuchungen zur Entwicklung lautsynthetischer Verarbeitungsprozesse im Vorschul- und frühen Grundschulalter. Egelsbach u.a.: Hänsel-Hohenhausen.

Kossakowski (1961). Wie überwinden wir die Schwierigkeiten beim Lesen- und Schreibenlernen, insbesondere bei Lese-Rechtschreibschwäche? Berlin.

Lesgold, A.M./Perfetti, Ch.A. (Hrsg.) (1981). Interactive processes in reading, Hillsdale, N.J.: Lawrence Erlbaum.

Lundberg, I., Frost, J./Peterson, O. (1988). Effects of an extensive program for stimulating phonological awareness in preschool children. Reading Research Quarterly, 23, 263–284.

Lundberg, I., Olofsson, A./Wall, S. (1980). Reading and spelling skills in the first school year predicted from phonetic awareness skills in kindergarten. Scandinavian Journal of Psychology, 21, 159–173.

Marsh, G., Friedman, M., Welsh, V./Desberg, P. (1980). The development of strategies in spelling. In *Frith, U.* Cognitive processes in spelling. New York: Academic Press.

Marx, H. (1992). Vorhersage von Rechtschreibschwierigkeiten in Theorie und Anwendung. Unveröffentlichte Habilitationsschrift. Universität Bielefeld.

May, P. (1990). Kinder lernen rechtschreiben: Gemeinsamkeiten und Unterschiede guter und schwacher Lerner. In *Balhorn, H./Brügelmann, H.* (Hrsg.). Das Gehirn, sein Alphabet und andere Geschichten. Konstanz: Faude.

Morais, J., Bertelson, P., Cary, L. & Alegria, J. (1986). Literacy training and speech segmentation. Cognition, 24, 45–64.

Morais, J., Cary, L., Alegria, J. & Bertelson, P. (1979). Does awareness of speech as a sequence of phones arise spontaneously? Cognition, 7, 323–331.

Nation, K. & Hulme, Ch. (1996). The automatic activation of sound-letter-knowledge: An alternative interpretation of analogy and priming effects in early spelling development. Journal of Experimental Child Psychology, 63, S. 416-435.

Reichen, J. (1982). Lesen durch Schreiben. Zürich.

Reichen, J. (1994). Wie lernen Kinder lesen? Grundschulunterricht, 41, 9, 69-71.

Röber-Siekmeyer, Ch. (1993). Die Schriftsprache entdecken. Weinheim: Beltz.

Rumelhart, D.E./McClelland, J.L. (1981). Interactive processing through spreading activation. In *Lesgold, A.M./Perfetti, C.A.* (Hrsg). Interactive processes in reading. Hillsdale, N.J.: Lawrence Erlbaum. S. 37-60.

Share, D.L. (1995). Phonological recoding and self-teaching: sine qua non of reading acquisition. Cognition, 55, S. 151-218.

Scheerer-Neumann, G. (1988). Zur Analyse von Spontanschreibungen. Germanistische Linguistik, 93-94, 27-58.

Scheerer-Neumann, G. (1993). Treatment of developmental reading and spelling disorders. In *Blanken, G./Dittmann, J./Grimm, H./Marshall, J.C./Wallesch. C.-W.* (Hrsg.). Linguistic disorders and pathologies. An international handbook. Berlin, New York: de Gruyter. S. 753-767.

Scheerer-Neumann, G. (1996a). Der Erwerb der basalen Lese- und Schreibfertigkeiten. In: *Günther, H./Ludwig, O.* (Hrsg.). Schrift und Schriftlichkeit – Writing and its use. Berlin, New York: de Gruyter. S. 1153-1169.

Scheerer-Neumann, G. (1996b). Störungen des Erwerbs der Schriftlichkeit bei alphabetischen Schriftsystemen. In: *Günther, H./Ludwig, O.* (Hrsg.). Schrift und Schriftlichkeit – Writing and its use. Berlin, New York: de Gruyter. S. 1325-1351.

Scheerer-Neumann, G. (1996c). Was lernen Kinder beim Schriftspracherwerb außer lesen und schreiben? In: *Balhorn, H./Niemann, H.* (Hrsg.). Sprachen werden Schrift: Mündlichkeit, Schriftlichkeit, Mehrsprachigkeit. Lengwil: Libelle.

Scheerer-Neumann, G. (1996d): Lese-Rechtschreibschwäche: Perspektiven für die 90er Jahre. In: *Niemeyer, W.* (Hsg.). Lese-Rechtschreibschwäche und Kommunikation. Bochum: Winkler.

Scheerer-Neumann, G./Kretschmann, R./Brügelmann, H. (1986). Ben, Andrea, Jana: Selbstgewählte Wege zum Lesen und Schreiben. In *Brügelmann, H.* (Hrsg.). ABC und Schriftsprache: Rätsel für Kinder, Lehrer, Forscher. Konstanz. Faude 1986.

Schneider, W., Visé , M., Reimers, P./Blässer, B. (1994). Auswirkungen eines Trainings der sprachlichen Bewusstheit auf den Schriftspracherwerb in der Schule. Zeitschrift für Pädagogische Psychologie, 8, 177-188.

Seymour, P.H. (1986). Cognitive analysis of dyslexia. London: Routledge/Kegan Paul.

Spitta, G. (1985). Kinder schreiben eigene Texte. Klasse 1 und 2. Bielefeld, Berlin: CVK.

Stuart, M./Coltheart, M. (1988). Does reading develop in a sequence of stages? Cognition, 30, 139-181.

van den Bosch, K. (1991). Poor readers' decoding skills. Unveröffentlichte Dissertation. Katholieke Universiteit Nijmegen.

Wimmer, H./Hartl., M./Moser, E. (1990). Passen „englische" Modelle des Schriftspracherwerbs auf „deutsche" Kinder? Zweifel an der Bedeutsamkeit der logographischen Stufe. Zeitschrift für Entwicklungspsychologie und Pädagogische Psychologie, 22, S. 136-154.

Wise, B.W./Olson, R.K./Treiman, R. (1990). Subsyllabic units as aids in beginning readers' word learning: Onset-rime versus post-vowel segmentation. Journal of Experimental Child Psychology, 49, S. 1-19.

Günther Schweisthal

OIROPA

Eine phonetische Sprachschrift als Förderungskonzept im Schriftspracherwerb zu Beginn der Grundschule

1. Zur Diskussion über den funktionalen Analphabetismus in Europa

Die neue Studie der OECD (Literacy, Economy and Society, Dez. 1995) über die Grundfertigkeiten im Lesen und Rechnen von 20.000 Befragten in sieben Ländern ergibt Bemerkenswertes: In Polen sind 42,6 % der Bevölkerung mehr oder weniger ausgeprägte Analphabeten. In Frankreich sind es 40,1 %. Kein Land kommt in der Studie gut weg. In der Bundesrepublik Deutschland gibt es immerhin 14,4 % Analphabeten; d.h. diese Staatsbürger unterschreiten die gesellschaftlichen Mindestanforderungen an die Beherrschung der Schriftsprache und der Grundrechenarten. (Entwicklungsländer, Süddeutsche Zeitung, Nr. 284, 1995.)

Ein möglicher Grund für diesen verhängnisvollen Zustand sind die unterschiedlichen einzelsprachlichen Sprachlaut-Schriftbuchstaben-Beziehungen (Phonem-Graphem-Korrespondenzen), die seit der Mitte des vorigen Jahrhunderts die europäischen nationalsprachlichen Schriftsysteme kennzeichnen. Da niemand ernsthaft annehmen kann, dass polnische und französische Kinder weniger lernfähig als z.B. die deutschen und englischen Schulkinder sind, gewinnen folgende Verhältnisse an Bedeutung:

Für die 36 Sprachlaute des gesprochenen (Standard-)Deutsch gibt es 238 mögliche Buchstabenschreibungen (*Muthmann* 1991, *Wothke* 1991), für die 36 entsprechend genormten englischen Sprachlaute sind es 624 mögliche Buchstabenschreibungen (*Zacharisson* 1932) und für die 38 französischen Phoneme ergibt sich die in der Kombination astronomisch hohe Zahl von 904 möglichen Schreibvarianten (*Ellis* 1848). Unter Berücksichtigung des Mottos der Europäischen Gemeinschaft „Nachhaltige Entwicklung bei kultureller Vielfalt" sind für ein lebenslanges Lernen (*Bélanger* in diesem Band) neue Maßnahmen im Rahmen der Alphabetisierung erforderlich, die ein Recht auf literate Bildung für alle Kinder und Erwachsenen berücksichtigen.

Dies bedeutet, dass die Institution Schule rechtzeitig lernt, sich auf eine neue Art des Lehrens einzustellen, die zu selbstständigem Denken und lernendem Handeln in einem offenen Unterricht anregt. Diese Konsequenz führt zu einer Neuordnung des Unterrichts im Schreiben und Lesen, die allen Kindern den Schriftspracherwerb erleichtert (*Giese* 1994).

Unter dem Eindruck der allzu späten Einschulung der deutschen Grundschulkinder, die oft erst mit dem siebten Lebensjahr erfolge, fordert die KMK-Präsidentin *Raab* im Januar 1995 dazu auf, die Schuleingangsphase neu zu gestalten und den Eltern die Sorge vor dem Scheitern ihrer Kinder zu nehmen. Die Kritik an den Methoden der Vermittlung des Schriftspracherwerbs kulminiert: „Man wird nicht als zukünftiger Analphabet geboren, sondern zum Analphabeten gemacht" (*Giere* 1994).

2. Die methodisch exakte begriffliche Scheidung von Sprache und Schrift als Voraussetzung für eine angemessene Vermittlung des Schriftspracherwerbs der Grundschulkinder in den Stufen phonetisches Schreiben – phonologisches regelgeleitetes Schreiben – traditionelles Rechtschreiben (orthographisches Schreiben)

Wir leben heute in einer reinen Schriftkultur. Die Schrift prägt dominant unser Sprachbewusstsein; d.h. die Begriffe von Sprache und Schrift sind scheinbar unauflösbar ineinander verflochten (*Obladen/Schweisthal* 1989). Die Gründe liegen in der schulischen Sozialisation mit ihrem Primat auf der Schriftlichkeit und in dem hohen Stellenwert der geschriebenen Sprache in der Gesellschaft. Diese „Prägung" führt zu einer Verschiebung der Wahrnehmung bzw. zu einem falschen Verständnis und zur mangelhaften Erkenntnis von gesprochener Sprache (*Fiehler* 1994).

Eine Rückbesinnung auf das Wissen vergangener Jahrhunderte über das Verhältnis von Sprache und Schrift (*Giesecke* 1991) zeigt die Notwendigkeit einer Entschleierung der sprachlichen Realität (*Singer* 1984), die zu einer klaren Trennung der Begriffe Sprachlaut und Buchstabe führt (*Olivier* 1803, *Schmeller* 1803) und die seit dem Wiener Kongress (1815) immer mehr verloren geht und in den nationalen Schriftsprachen ab der Mitte des vorigen Jahrhunderts fast aufgehoben erscheint.

Nur in der Phonetik (*Brenner* 1914) und in der Dialektforschung (HSK 1.1 und 1.2 1982) sowie der Sprachgeschichte (HSK 2.1 und 2.2. 1984) und Schriftgeschichte (HSK 10.1 1994 und 10.2 1996) werden die Beziehungen zwischen Sprachlauten und Buchstaben (Phonem-Graphem-Korrespondenzen) fachentsprechend verdeutlicht. Das Wissen darum, dass „All Alphabetic Writing originally Phonetic" (*Ellis* 1848) und somit jede alphabetische Verschriftung ursprünglich eine reversible phonetische 1:1 - Abbildung von hörbaren lautlichen Ergebnissen der Artikulationsbewegungen in sichtbare Schriftzeichen dargestellt hat (*Watt* 1989, *Havelock* 1990, *Günther* 1994), führt zu der Einsicht, dass es zwei Kulturtechniken der Schriftlichkeit sehr lange schon gibt:

1. die als Dokumentation des tatsächlich so Gesprochenen verwendete phonetisch-phonographische alphabetische Transkription, die als Epigraphie in Versalien allgemein laut lesbar und für alle verstehbar war (*Meyer* 1983),

2. die durch den „Loss of the Phonetic Idea in Borrowed Alphabets" (*Ellis* 1848) einsetzende Verwendung, insbesondere von Minuskelschriften der Alphabetzeichen zum Zwecke des stillen „Augenlesens" (*Knoop* 1994) für einen sehr eingeschränkten Leser- und Schreiberkreis.

Die beiden unterschiedlichen Kulturtechniken bringen sehr unterschiedliche Lernelemente in die heutigen nationalen Schriftsprachen ein und verlangen somit je unterschiedliche Lehrmethoden innerhalb einer jeden neueren Schriftsprache.

Da die Verwendung der ersten (phonetischen) Alphabetschrifttechnik in Form von Großbuchstaben zum Entwicklungsstand des „konkreten" Denkens eines die Sprache mündlich erlernenden Vorschulkindes gut zu passen scheint (*Valtin* 1991), sollte die Vermittlung des schulischen Schriftspracherwerbs darauf Rücksicht nehmen. In der Tat durch-

48

laufen die meisten Kinder eine Stufe der phonetischen, lauttreuen Schreibung. Diese Stufe ist auch für die Rechtschreibung nutzbar, wenn sie an lauttreu verschrifteten Wörtern des Grundwortschatzes eingeübt werden kann (vgl. Abschnitt 6 dieses Beitrags). Auch die nächste Stufe lässt sich durch die Vermittlung von phonologischen Regelhaftigkeiten mit relativ geringem Lernaufwand durch synthetische Lehrmethoden günstig beeinflussen. Die dritte Stufe einer traditionellen Orthographie unserer Schriftsprache lässt sich jedoch nur durch visuelle Lehrmethoden vermitteln (z.B. Ganzworterkennung), nicht aber durch auditive Argumentationen und Pseudoregeln.

Es ist wahrscheinlich, dass die Entwicklung der phonologischen Bewusstheit auf der Stufe der phonetischen (I) bzw. phonematischen (II) Bewusstheit mehrere wichtige Entwicklungsschritte umfasst. Vor allem für das Lesen neuer, den Kindern bisher in schriftlicher Form unbekannter Wörter muss eine gewisse Fähigkeit zur Phonemsegmentierung und -synthese vorhanden sein. Diese Fähigkeit ist allerdings keine hinreichende Voraussetzung für das selbständige Erlesen von Wörtern, das Beherrschen der Graphem-Phonem-Korrespondenzen muss noch hinzukommen (*Klicpera, Gasteiger-Klicpera* 1993).

In diesem Zusammenhang muss noch darauf hingewiesen werden, dass die vorhandenen Fibeln diese Stufen (I–III) nicht differenziert berücksichtigen und häufig Fehlerquellen, die auf Hyperkorrektheit (Übergeneralisierung nicht durchgängiger Orthographieregeln) basieren, ungewollt befördern helfen (*Trossbach-Neuner* 1992). Die Sprache der Kinder ist nämlich viel logischer als die Schrift der Erwachsenen, die mit der Vagheit der Schriftsprache rechnen (vgl.

den Beitrag von *Günther* in diesem Buch). Die Berücksichtigung der Stufe des phonetischen Schreibens, die u.U. schon im Vorschul-Kindergarten unterstützt werden kann, gewinnt an Bedeutung, wenn man die phonetischen Schriften als Bedingung leistungsstarker bimedialer Kommunikationssysteme sieht (*Giesecke* 1991), die mit lateinisch-griechischen Großbuchstaben eine reversible 1:1-Zuordnung von je einem Sprachlaut zu je einem Schriftzeichen vorsehen. Erst hierdurch ist eine sinnlich zuverlässige Basis für Erstschriftlernende gegeben, da Hören und Sehen jeweils als Kontrollsinn beim Schreiben und Lesen herangezogen werden kann.

In der Lehrerausbildung an den Hochschulen wird dieser Aspekt nur in Ausnahmefällen in neuerer Zeit berücksichtigt (z.B. v. *Schuch* 1990 und *Volmert* 1995). Durch das Konzept „Lesen durch Schreiben" *(Reichen)* tritt er im freien Schreiben immer stärker hervor. Hierbei reicht aber die begrüßenswerte Initiative der Benutzung seiner Anlauttabelle m.E. nicht aus, die systematisch ermittelten Stufenmodelle im Schriftspracherwerb des Grundschulkindes angemessen und wissenschaftlich begründet didaktisch umzusetzen.

3. OIROPA – eine Lauttabelle für das Schreiben auf der phonetischen Stufe, die von allen Alphabetschriftlernenden durchlaufen wird

Die für den mündlichen Fremdsprachenunterricht an europäischen Grundschulen – insbesondere für den Unterricht im Begegnungssprachenkonzept von Nordrhein-Westfalen – entwickelte Lauttabelle enthält 41 Schriftzeichen, die sämtliche normierten Phone (Sprachlaute) aller europäischen gesprochenen Schriftsprachen als Phoneme repräsentieren können. Sie gewährleistet eine breite („wörtliche") phonetische Transkription als Merkhilfe für gesprochene und gesungene Texte in allen europäischen Sprachen im Verhältnis von 1 : 1 reversibel für (Aus-)Sprache und Schrift. Mit ihrer Hilfe werden laut lesbare Texte produziert. Da die Zeichen der alphabetischen Reihe folgend mit den artikulatorischen Inhalten der IPA-Konvention (International Phonetic Alphabet, *IPA* 23, 1993) durch den IPA-Zahlencode (IPA-Number) verbunden sind, werden sie auch maschinenlesbar und z.B. im WWW darstellbar.

Diese Lauttabelle ergibt nur in Ausnahmefällen Wörter in orthographischer Schriftnorm! Sie ist eine Zusammenstellung von An-, In- und Auslauten. Die einzelnen europäischen Schriftsprachen benötigen zwischen 30 (italienisch) und 38 (französisch) Elemente aus dieser Tabelle. Da sie insbesondere für Grundschüler konzipiert wurde, berücksichtigt sie die kindliche Alphabetisierungsstufe durch die Verwendung von Großbuchstaben (im Gegensatz zur IPA, die zu wissenschaftlichen Zwecken zusammengestellt wurde). Die OIROPA beachtet artikulatorische Nachbarschaften entsprechend der „Weltlautschrift" (*Forchhammer* 1928).

Für den muttersprachlichen Unterricht auf der phonetischen Stufe an deutschen Grundschulen oder im Vorschulbereich empfehlen sich aus phonetischer Sicht die Lauttabelle OIROPA/deutsch und schuleigene Abwandlungen (vgl. Abb. 1 und 2). Für den muttersprachlichen Erstunterricht in anderen Ländern werden u.U. leicht modifizierte Lauttabellen z.B. OIROPA/englisch oder OIROPA/französisch auf der Basis der OIROPA erforderlich.

4. Sprachschrift als Vorstufe einer jeden nationalen Schriftsprache – oder – Was die Lehrenden an den Schuleingangsstufen häufig nicht genügend beachten (Zur Geschichte zweier Kulturtechniken)

Gemeinsame begriffliche Grundlage für Lernende und Lehrende heute:

- Sprache kann man hören und sprechen.
- Schrift kann man sehen und still lesen und schreiben.
- Sprache kann man aber auch sichtbar machen durch Schreiben.
- Schrift kann man aber auch hörbar machen durch lautes Vorlesen.

Sprache kann also gehört und gesprochen – aber auch gesehen, still gelesen und hingeschrieben werden. Hören und Sehen sind unterschiedliche Formen der sinnlichen Wahrnehmung. Deshalb haben sich auch unterschiedliche Kulturtechniken in der gehörten und gesehenen Verständigung herausgebildet.

Es gibt eine auf das Hören und Sprechen ausgerichtete Form der Schrift, die wir Hörschrift, Lautschrift, Sprechschrift, Phonographie, phonetische Schrift oder SPRACHschrift nennen können. Hierbei steht die Sichtbarmachung des tatsächlich so Gesprochenen und Gehörten im Vordergrund. Die Schrift folgt der Sprache.

Es gibt eine auf das Sehen, Lesen und Schreiben ausgerichtete Form der Schrift, die wir Leseschrift, Schnellschreibschrift (Steno), Buchschrift, Maschinenschrift oder heute SCHRIFTsprache nennen. Hierbei steht der nach Vorschrift geschriebene Text im Vordergrund. Das laute Lesen oder Sprechen nach Vorschrift ist ein „Reden nach der Schrift" – wie es in Bayern heißt. Die Sprache folgt der Schrift.

Die deutsche nationale SCHRIFTsprache, das „Hochdeutsche", ist ihrem Ursprung nach eine Verwaltungsschrift oder Akademieschrift, die mit dem Sprechen (durch die Laut-Lese-Vorschrift) erst endgültig 1901 scheinbar untrennbar als Normaussprache oder Deutsche Standardsprache verbunden worden ist. Sie enthält zwar eine ganze Reihe von Vorschriften, die auf das Sprechen Rücksicht nehmen, die also sprachlich begründet sind. Die meisten „Regeln" beziehen sich aber auf das Sehen, Lesen und Schreiben und sind somit schriftlich begründbar.

Die Lehrenden sind für eine genaue Methodentrennung dieser ineinander verzahnten Sprechsprach- und Schriftprinzipien meines Wissens an der Universität nur ungenügend ausgebildet. Deshalb erscheint eine weitere Klarstellung notwendig.

Gesprochene Sprache besteht nicht aus Wörtern oder Buchstaben, sondern aus Äußerungen, die man in Sprechsilben (bis zu 80 je Sprache) und Phone (Sprachlaute, bis zu 41 je europäische Schriftsprache) analysieren kann. Eine phonetische SPRACHschrift ist also in der Lage, die gesprochenen Europasprachen im Verhältnis 1 : 1 mit 41 sichtbaren Sprachzeichen einigermaßen angemessen durch „wörtliche" Transkription in eine Schriftform zu überführen (phonetisch zu transkribieren). Das erste phonetische SPRACHschriftsystem war das griechisch-lateinische Großbuchstabenalphabet, das aus einem venezianischen (oder phönizischen) Aufschreibsystem hervorgegangen ist. Bis zum Ende des vorigen Jahrhunderts war dieses

große Alphabet als ROMAIKE im internationalen Gebrauch. Es wurde dann durch die phonetische Lautschrift des Weltlautschriftvereins, die überwiegend aus Kleinbuchstaben besteht und auf die Verschriftung der neueren Fremdsprachen ausgerichtet war, abgelöst. Heute heißt dieses SPRACHschriftsystem API oder IPA (International Phonetic Alphabet). Mit seiner Hilfe können alle gesprochenen Sprachen und Dialekte weitestgehend genau (auch in „enger" Transkription) phonetisch transkribiert werden.

SCHRIFTsprachen bestehen aus Texten, Sätzen, Wörtern, Morphemen und Buchstaben (Graphemen), die im europäischen Bereich überwiegend als Kleinbuchstaben in Erscheinung treten. Eine Quelle für diese Schrift stellt die „Karolingische Minuskel" dar, die insbesondere die Zwecke des stillen Lesens verfolgte. Die modernen SCHRIFTsprachen benötigen Wörterbücher und staatlich geregelte Lesevorschriften (Graphem-Phonem-Korrespondenzen) für die jeweiligen Buchstaben bzw. Buchstabenverbindungen, damit diese auch vorgelesen bzw. gesprochen werden können. Da aber jede europäische SCHRIFTsprache sich von jeder anderen durch unterschiedlich geregelte Laut-Buchstaben-Beziehungen in der Rechtschreibung unterscheidet, ergeben sich auch unterschiedliche Schwierigkeitsgrade bei der Vermittlung der jeweiligen Orthographie in den Grundschulen der verschiedenen Länder.

Die wenigsten Lernhindernisse sind also bei den SPRACHschriften, z.B. der OIROPA oder der ROMAIKE zu erwarten, da dort 41 europäischen Sprachlauten genau 41 große lateinisch-griechische Schriftzeichen gegenüberstehen, so dass jeder Sprachlaut eindeutig einem und immer dem gleichen Schriftzeichen im Verhältnis Sprache : Schrift = 1 : 1 entspricht. Dem Hören entspricht ein Sprachlaut, der beim lauten Lesen des 1 : 1 zugeordneten Schriftzeichens immer den gleichen Sprachlaut wieder hörbar macht. Dies bietet den Schülerinnen und Schülern eine sinnlich verlässliche Basis für das Schreibenlernen der als Kleinkind auf der Basis des Hörens und Nachahmens gelernten Sprache – als Vorstufe zur Erlernung der Orthographie, aber auch als Verschriftungstechnik für einen propädeutischen Fremdsprachenunterricht auf mündlicher Basis mit schriftlicher Gedächtnisstütze (z.B. für das Begegnungssprachenkonzept an Grundschulen in NRW).

5. Erfahrungen mit einer schuleigenen Lauttabelle auf der Basis der OIROPA an der fünfzügigen Gemeinschaftsgrundschule in Hennef, Sieg, Hanftalstraße (NRW)

Im Folgenden wird ein Beispiel für die Anwendung der Sprachschrift OIROPA auf den muttersprachlichen Schrifterwerb dokumentiert.

Gründe für die Konzeption von **zwei Tabellen**:

Das sprachliche Durchgliedern und lauttreue Schreiben von Wörtern ist die Grundlage des Erlernens der Rechtschreibung und verhindert Lese-Rechtschreibschwierigkeiten (LRS).

Das Kind soll daher in einer Anfangstabelle (Tabelle A) auf verlässlicher sinnlicher Basis nur die Schriftzeichen finden, deren Laute es hört.

Erst wenn das Kind gelernt hat, lauttreu zu schreiben, kann es in der Erweiterungstabelle (Tabelle E) alle Schriftzeichen lernen, die es zum Lesen und für die Rechtschreibung braucht.

Gestaltungskriterien beider Tabellen:
Die Anordnung der Schriftzeichen in einem langgezogenen Achteck (mit Mittelfeld) in Anlehnung an die Anlaut-Tabelle von Jürgen Reichen („Torbogen") und die Lautiertabelle des Spectra-Verlags („Ellipse") gewährleistet eine gute Übersicht und rasche Orientierung.

Außenkreis:
Vokale und Umlaute (oben)
Doppellaute (unten)
Konsonanten (rechte und linke Seite)
Mittelfeld:
Grapheme für die Rechtschreibung

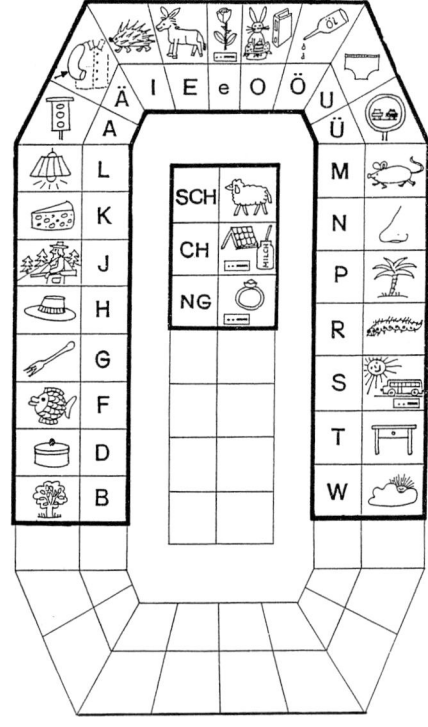

Abb. 1: Anfangstabelle (Tabelle A)

Erläuterungen zur Anfangstabelle:
- Sie enthält in großen Buchstaben die Laute, die das Kind hört und mit deren

Hilfe es alle Wörter lauttreu aufschreiben kann.

Einzige Ausnahme: Das e
- Die ausgewählten Begriffe sind bis auf drei Ausnahmen (Sonne, Ordner, Überholverbot) phonetisch einwandfrei. Diese Wörter, die auch als Ganzwörter angeboten werden, bilden einen Minimalwortschatz (27 Wörter).
- Durch die freien Felder soll das Kind wissen, dass noch Buchstaben dazukommen.
- Endlaute sind gekennzeichnet durch . . ‾
- Das Kind, das gelernt hat, Wörter lauttreu aufzubauen und zu lesen beginnt, erhält die Tabelle E.

Die Lauttabelle A stellt allerdings einen Kompromiss dar: Sie enthält sowohl eine Auswahl der Elemente der OIROPA (A, I, E, e, O, U, M, N, P, R, S, T, W, B, D, F, G, H, J, K, L) = 21, als auch Grapheme mit Rücksicht auf die deutsche Schriftsprache: <Ä> für [ɛ], <Ö> für [Ø], <Ü> für [Y] wie in OIROPA/deutsch als auch Graphemverbindungen der deutschen Schriftsprache <SCH> für [$], <CH> für [C] und [X] (Doppelbesetzung!) und <NG> für [η]. Sie kommt mit 27 Zeichen insgesamt aus, hat jedoch nur ein Zeichen e für den unbetonten Vokal. Sie vernachlässigt das OIROPA-Zeichen α für die unbetonten Endungen -er und vokalisches -r. Damit greift sie über die Stufe des phonetischen Schreibens (I) hinaus in die phonologische Transliterationsstufe (II), die dann systematisch erst mit der Tabelle E ausgeführt wird. Der Kompromiss hat sich offensichtlich in der Schulpraxis bewährt, wie die Schreibbeispiele aus der dritten Schulwoche des 1. und 2. Schuljahres andeuten. Die Einführung der schuleigenen Lauttabellen geschah in der Zusammenarbeit der Schulaufsicht, der Schulleitung, der Schulkonferenz aller Lehrerinnen und Lehrer sowie dem persönlichen Einsatz der fünf Klassenlehrerinnen der 1. und 2. Jahrgangsstufe. Die Eltern wurden durch beigefügte Schreiben sowie durch monatliche Elternabende einbezogen.

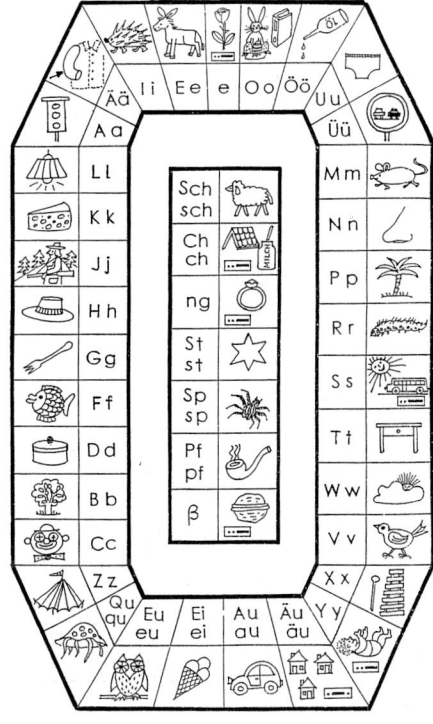

Abb. 2: Erweiterungstabelle (Tabelle E)

Erläuterungen zur Erweiterungstabelle:
- Die Tabelle E enthält alle für das Lesen und die Rechtschreibung notwendigen Grapheme.
- Ein Laut in der Mitte (äu in Häuser) wurde gekennzeichnet durch . - .

Eine Dokumentation des Schulversuchs wurde von *Anja Schönhofer* als Zulassungsarbeit an der Universität München vorgelegt und befindet sich in Druckvorbereitung (*Schönhofer* 1996). Zur Zeit werden diese Lauttabellen aus Hennef

53

(NRW) an zwei bayerischen Schulen in der Grundschuleingangsstufe schulpraktisch überprüft. Dies geschieht als Vorlauf zu einem bayernweit gestreuten Schulversuch, der in Zusammenarbeit mit dem Institut für Schulpädagogik und Bildungsforschung (ISB) vorbereitet wird.

6. Systematische Sortierung der Wörter des Grundwortschatzes für die ersten beiden Jahrgangsstufen an bayerischen Grundschulen nach den drei Stufen des Schriftspracherwerbs

I. Phonetische Verschriftung
(Transkription 1 : 1)
z.B.: AUF-UFO-MALT-HÄLT
Hören und Sehen sind eineindeutig aufeinander bezogen.
Nur Großbuchstaben, kein gesonderter Lernaufwand.

II. Phonologische Verschriftung
(Transliteration)
z.B.:
gehört: AI, gelesen: <ei>, <Ei>
gehört: OI, gelesen: <eu>, <Eu>
gehört: TSU, gelesen: <zu>, <Zu>
gehört: TAKSI, gelesen: <Taxi>
Hören und Sehen sind mehrdeutig aufeinander bezogen. (Die Beziehungen sind regelhafte Phonem-Graphem-Korrespondenzen.) Transliteration in Kleinbuchstaben zusätzlich, geringer gesonderter Lernaufwand.

III. Traditionelle Verschriftung
nach (orthographischer) Vorschrift

z.B.:
fahren, Haare vs. sparen
Ohr, Moor vs. vor

Eltern vs. Älteren
Hören und Sehen sind mehr oder weniger willkürlich aufeinander bezogen. Die Schreibungen müssen „auswendig" gelernt werden, ohne von Hören und Sprechen gestützt zu sein. Hoher gesonderter Lernaufwand.
Die Stufen I. und II. eignen sich als Beispiele für die synthetische Methode des Schreibenlernens durch Phon- und Phonemanalyse.
Die Beispiele der Stufe III. erfordern z.T. die Methoden der Ganzworterkennung bei rein visuellen Lernstrategien.

1. Jahrgangsstufe

I. Phonetische Verschriftung

ACHT	BUCH	IM
AM	DA	IN
APFEL	DAS	IST
ARM	DEM	LANG
AST	DEN	LAUFEN
AUF	DORF	MACHEN
AUGE	FINDEN	MAUS
AUS	FÜNF	MIT
AUTO	GRAS	NASE
BACH	GRÜN	REDEN
BAUM	HABEN	ROT
BIN	HALTEN	SAGEN
BIRNE	HART	SCHULE
BLAU	HASE	SO
BLUME	HAT	UNS
BÖSE	HAUS	WAR
BRAUN	HÖREN	WAS
BROT	ICH	WO

II. Phonologische Verschriftung

Bein	Finger	schwarz
der	für	unser
drei	Katze	weinen
ein	klein	wir
eine	kurz	zu
eins	mein	zwei
er	neu	

fein neun

III. Orthographische Verschriftung

Ball	Kind	sollen
Bild	Kuh	und
Blatt	Mutter	Vater
die	Nest	vier
Ente	Ohr	Weg
es	Sand	weiß
gelb	sechs	wie
groß	sie	Wiese
heiß	sieben	zehn
Hund	sind	Zug

2. Jahrgangsstufe

I. Phonetische Verschriftung

ALT	HOSE	OFT
ANFANGEN	IGEL	ORT
ANTWORTEN	JA	RASCH
APRIL	JANUAR	RATEN
AUCH	JULI	REGEN
AUGUST	JUNG	RING
AN	JUNI	RUFEN
BINDEN	KALT	SACHE
BIS	KAUFEN	SCHARF
BIST	KLAR	SCHAUEN
BLUTEN	KOPF	SCHLAFEN
BRECHEN	KOSTEN	SCHLAGEN
BRINGEN	LACHEN	SCHÖN
BUS	LEGEN	SICH
DICH	LESEN	SINGEN
DOCH	LICHT	SUCHEN
DORT	LOS	TRAGEN
DU	LUFT	TRETEN
DÜRFEN	MAI	TUN
FALSCH	MARK	ÜBEN
FEBRUAR	MENGE	UM
FLÜGEL	MICH	WAGEN
FOLGEN	MÖGEN	WARNEN
FRAGEN	MONAT	WARTEN
FRISCH	MORGEN	WERFEN
GEBEN	NACH	WOCHE
GESICHT	NACHT	WORT
GUT	NICHT	WUNDE
HEBEN	NOT	WÜNSCHEN

HIN NUN

II. Phonologische Verschriftung

aber	heute	seine
arbeiten	jeder	seiner
bei	kein	Seite
bleiben	krank	September
danken	leicht	sicher
dein	leiden	sitzen
denken	liefern	steigen
Dezember	März	stolz
dir	meinen	Stunde
dunkel	Meter	teilen
eilen	mir	treiben
einem	nein	treu
einen	November	weich
eines	nur	weil
einfach	oder	weit
Erde	Oktober	wer
erklären	Preis	werden
erlauben	reich	zeichnen
Feuer	reisen	zeigen
freuen	scheinen	Zeit
Geist	schreiben	zum
gleich	schreien	zur
greifen	Schwanz	
her	sein	

III. Orthographische Verschriftung

ab	ihnen	Rücken
Abend	ihr	schlecht
alle	ihre	Schnee
Berg	innen	schnell
bitten	irren	sehen
brennen	Jahr	sehr
Brief	kann	selten
dann	Kasse	senden
dienen	kennen	Sonne
Ende	Klasse	spielen
eng	kommen	stellen
essen	König	still
ewig	können	Stoff
Familie	lassen	Tag
fallen	lernen	tief
fassen	lieben	Tier
Feind	liefern	treffen

55

Fenster	melden	trennen
Feld	messen	trocken
Fest	Messer	Uhr
fest	Mitte	verlieren
fliegen	Müll	verstehen
fremd	müssen	viel
Freund	nah	vom
Fuß	nass	von
gehen	nehmen	vor
gestern	nennen	Wasser
gesund	nie	werfen
Glück	offen	wild
Haar	ordnen	Wind
Hand	Papier	wissen
helfen	passen	Wohnung
Herr	Pferd	wollen
hier	Platz	zahlen
Himmel	Puppe	ziehen
hoffen	rechnen	
ihm	Reihe	
ihn	rollen	

Literatur

Ellis, Alexander John: A Plea for Phonetic Spelling; or the Necessity of Orthographic Reform, second edition, London, 1848.

Entwicklungsländer. In: Süddeutsche Zeitung Nr. 284, 09./10.12.1995.

Fiehler, Reinhard: Analyse- und Beschreibungskategorien für geschriebene und gesprochene Sprache. Alles eins? In: *Cmejrková Svetla, et.al.* (eds.). Writing vs. Speaking : Language, Text, Discourse, Communication, Tübingen, 1994.

Giere, Ursula: Entwicklung von Literalität und Alphabetisierung in England und Nordamerika. In *Günther, Hartmut; Ludwig, Otto* (Hrsg.): Schrift und Schriftlichkeit. Ein interdisziplinäres Handbuch internationaler Forschung, Bd. 1, Berlin u. a., 1994, S. 883–892.

Giesecke, Michael: Der Buchdruck in der frühen Neuzeit: Eine historische Fallstudie über die Durchsetzung neuer Informations- und Kommunikationstechnologien, Frankfurt am Main, 1991.

Günther, Hartmut: Die Schrift als Modell der Lautsprache. In: OBST Osnabrücker Beiträge zur Sprachtheorie, Heft 51, Mai 1995.

Günther, Hartmut: Schrift als Zahlen- und Ordnungssystem – alphabetisches Sortieren. In: *Günther, Hartmut; Ludwig, Otto* (Hrsg.): Schrift und Schriftlichkeit. Ein interdisziplinäres Handbuch internationaler Forschung, Bd. 2, Berlin u. a., 1996, S. 1568–1582.

Havelock, Eric A.: Schriftlichkeit: das griechische Alphabet als kulturelle Revolution. Übers. von Gabriele Herbst. Mit einer Einl. von Aleida und Jan Assmann, Weinheim, 1990.

Journal of the International Phonetic Association, Volume 23, Number 2, Decembre 1993.

Knoop, Ulrich: Entwicklung von Literalität und Alphabetisierung in Deutschland. In: *Günther, Hartmut; Ludwig, Otto* (Hrsg.): Schrift und Schriftlichkeit. Ein interdisziplinäres Handbuch internationaler Forschung, Bd. 1, Berlin u. a., 1994, S. 859–872.

Literacy Economy and Society Results of the First International Adult Literacy Survey, OECD Publications and Information Centre, Bonn, 1995.

Meyer, Ernst: Einführung in die lateinische Epigraphik, Darmstadt, 1983.

Muthmann, Gustav: Phonologisches Wörterbuch der deutschen Sprache, Tübingen, 1996.

Muthmann, Gustav: Rückläufiges deutsches Wörterbuch: Handbuch der Wortausgänge im Deutschen, mit Beachtung der Wort- und Lautstruktur, Tübingen, 1991.

Naumann, Carl Ludwig: Gesprochenes Deutsch und Orthographie: linguistische und didaktische Studien zur Rolle der gesprochenen Sprache in System und Erwerb der Rechtschreibung, Frankfurt am Main, 1989 (Theorie und Vermittlung der Sprache; Bd. 8).

Obladen, Rolf; Schweisthal, Klaus Günther: Die sprechende Landkarte – ein Pilotprojekt zur Namenforschung; In: LDV-Forum, Bd. 6, Nr.1, Jg. 1989, S. 24–32.

Olivier, F.: Die Kunst lesen und rechtschreiben zu lehren auf ihr einzig-wahres, höchst einfaches und untrügliches Grundprincip zurückgeführt: Eine glückliche, in jeder Sprache anwendbare Entdeckung und Erfindung, Leipzig, 1803.

Schmeller, A.: Über Schrift und Schriftunterricht. Ein ABC-Büchlein in die Hände Lehrender von *Habemut* <1803>; *Rimberg* 1803 (erster ungekürzter Abdruck der Handschrift von 1803 vorgelegt von Herrn *Wilhelm Wissmann* am 8. November 1963; hrsg. von *Hermann Barkey* als H. 3 der Sitzungsberichte der Bayerischen Akademie der Wissenschaft, Philosophisch-historische Klasse; München, 1965.)

Schönhofer, Anja: Lesen durch Schreiben mit den Lauttabellen A und E der Gemeinschaftsgrundschule Hanftalstraße in Hennef (Sieg) auf der Basis der Sprachschrift OIROPA von Dr. *Günther Schweisthal* und deren Verwendbarkeit zur Vorbeugung von Lese- und Rechtschreibstörungen, (Manuskript in Druckvorbereitung), 1996.

Schuch, Gerhild von: Einführung in die Sprachwissenschaft, München, 1990.

Singer, Horst: Historische Graphetik und Graphemik. In: *Besch, Werner u.a.* (Hrsg.): Sprachgeschichte. Ein Handbuch zur Geschichte der deutschen

Sprache und ihrer Erforschung, Bd.1, Berlin u. a., 1984, S. 499-509.

Trossbach-Neuner, Eva: Gesprochene Sprache im Aufbau phonematischer Bewusstheit, In: Die Sprachheilarbeit Bd. 38 (1993), Heft 1, S.24-28, S. 33-34.

Valtin, Renate: Das Stufenmodell des Schriftspracherwerbs – ein förderdiagnostisches Hilfsmittel, in: Unterstufe, Bd 38 (1991), Heft 9.

Volmert, Johannes (Hrsg.): Grundkurs Sprachwissenschaft: eine Einführung in die Sprachwissenschaft für Lehramtstudiengänge, München, 1995.

Watt, W.C.: The Ras Shamra Matrix. Semiotica 74, 1989, S. 61-108.

Wothke, K.: Letter-to-Phone Rules for German, IBM Germany, Heidelberg Scientific Center, February 1991.

Zachrisson, R.E.: ANGLIC : An international Language : with a survey of the English Spelling Reform, Cambridge, Leipzig, 1932.

Renate Valtin

Erwerb und Förderung schriftsprachlicher Kompetenzen aus grundschulpädagogischer Sicht

Untersucht man die Ansätze zur Konzeptualisierung des Schriftspracherwerbs und seiner Störungen (wie LRS, Legasthenie) auf ihre theoretische Fundierung und praktische Brauchbarkeit, so ergibt sich ein unübersichtliches, verwirrendes Bild. Denn es sind nicht nur völlig disparate Disziplinen, die sich mit diesem Bereich befassen (diverse Zweige der Medizin, Psychologie, Linguistik und Pädagogik u.a.), sondern ihnen liegen auch jeweils unterschiedliche Lern-, Entwicklungs- und Instruktionstheorien zugrunde. Eine umfassende Theorie des Schriftspracherwerbs ergibt sich nun nicht durch Addition der Erkenntnisse dieser Teildisziplinen, sondern sie erfordert einen spezifischen Zugang, der die drei zentralen Dimensionen des Schriftspracherwerbs in den Mittelpunkt stellt und sie miteinander verbindet. Dabei handelt es sich um:

(1) die **Spezifik des Gegenstandsbereichs Schriftsprache**, die im Gegensatz zur gesprochenen Sprache nicht eine biologische Leistung, sondern eine kulturelle Errungenschaft darstellt. Schriftsprache wird nicht auf natürlichem Wege gelernt, sie muss gelehrt werden. Dies setzt auf seiten der Lernenden eine besondere Motivation und die Entwicklung spezifischer Fähigkeiten, insbesondere Sprachbewusstheit und -analyse, voraus. Die Entwicklung dieser Fähigkeiten ist ihrerseits abhängig vom Entwicklungsstand und Lernvermögen der Kinder.

(2) die **Spezifik des kindlichen Lernens** und die Berücksichtigung der Denkweisen von Kindern. In vielen Ansätzen werden Kinder fälschlicherweise wie kleine, nur eben unwissende, Erwachsene behandelt. Kinder weisen aber – je nach ihrem Entwicklungsstand – spezifische Kompetenzen auf und verfügen im Vergleich mit Erwachsenen über qualitativ andere Systeme der Informationsverarbeitung im Sinne andersartiger operatorischer Niveaus. Das bedeutet aber, dass Kinder sich den Lerngegenstand Schriftsprache auf besondere Art und Weise aneignen und dass besondere Lernarrangements zu schaffen sind. Eine Theorie des Schriftspracherwerbs erfordert deshalb, drittens, auch eine Berücksichtigung des institutionellen Kontextes, in dem dieses Lernen geschieht.

(3) den **Unterricht**. Lehrer erfahren immer wieder schmerzlich, dass Lehren nicht in Lernen resultiert. Die Didaktik ist deshalb gefordert, Prinzipien für erfolgreiches Lernen zu entwickeln, wobei der gute pädagogische Grundsatz der optimalen Passung zwischen Lernvoraussetzung und Lernanforderung zu berücksichtigen ist.

Im Folgenden möchte ich den Beitrag, den die Grundschulpädagogik zu einer Theorie des Schriftspracherwerbs leisten kann, aufzeigen, denn sie ist von ihrem Bildungsauftrag her und von ihrem Bemühen, das Kind als Subjekt seiner Lerntätigkeit zu begreifen, dazu besonders geeignet. Zunächst werde ich die Spezifik des kindlichen Lernens am Beispiel des Schriftspracherwerbs erörtern, dann einige didaktische Prinzipien

59

für einen erfolgreichen Unterricht aufzeigen und abschließend einige Anregungen für künftige Forschung geben.

Zur Spezifik kindlichen Lernens am Beispiel des Schriftspracherwerbs

In den letzten Jahren sind innerhalb der Grundschulpädagogik fruchtbare Konzeptionen entstanden, die dem Problem Rechnung tragen, dass Lehren nicht in Lernen resultieren muss, weil die Erkenntnisse der Lernenden nicht der Sachlogik des Lerngegenstandes entsprechen, sondern einer eigenen Psychologik folgen. Diese Konzeptionen, die sich auf Piagets genetische Erkenntnistheorie und kognitive Entwicklungspsychologie berufen können, berücksichtigen den kognitiven Entwicklungsstand der Kinder ebenso wie ihre naiven Theorien in Hinblick auf den jeweiligen Lerngegenstand. *Piaget* verweist darauf, dass jegliche Kognition eine Konstruktion ist, die in Interaktion mit der Umwelt erfolgt. Mit dem Assimilationskonzept (Eingliederung in schon bestehende und sich entwickelnde Pläne und Strukturen) kann er erklären, warum bei Kindern (und Erwachsenen) „falsche" Kognitionen zustande kommen, die nicht auf Nachahmung beruhen. Bei der Rekonstruktion des Erkenntnisgegenstands baut das Kind Vorstellungen und Regeln auf, die seinem Niveau kognitiver Operationen entsprechen, aber komplexen Gegenständen zunächst nicht adäquat sind, da die kindlichen Rekonstruktionen einer Komplexitätsreduktion unterliegen. Dies führt zu typischen Schwierigkeiten bei <u>allen</u> Kindern, da in der Schule den Kindern die Lerngegenstände in einer Form vermittelt werden, die der Erkenntnisstruktur von Erwachsenen entsprechen. Ferner kann das Kind individuelle Regeln und Verfahrensweisen, die dem Sachgegenstand nicht adäquat sind, entwickeln. Diese Rekonstruktionsleistungen lassen sich auch beim Lesen- und Schreibenlernen des Kindes aufzeigen.

Beim Schriftspracherwerb müssen die Lernenden zu einer *gedanklichen Klarheit in Bezug auf Funktion und Aufbau der Schrift* gelangen. Ferner brauchen sie *metakognitives Wissen* in Bezug auf geeignete Lern- und Übungsstrategien sowie effektive Arbeitstechniken. Zwei Arten von Lernproblemen sind dabei zu beobachten: solche, die aufgrund der Komplexität und Abstraktheit der Schriftsprache bei allen Kindern auftauchen, und solche, die nur bei einigen Kindern anzutreffen sind und darauf beruhen, dass Kinder dem Lerngegenstand Schriftsprache nicht angemessene Vorstellungen und Strategien entwickeln.

Beim Schriftspracherwerb muss das Kind das alphabetische Prinzip der Schrift konstruieren und damit innerhalb eines Schuljahres eine kulturelle Leistung nachvollziehen, für deren Entwicklung die Menschheit Tausende von Jahren gebraucht hat. Während fast überall auf der Welt Begriffsschriften entstanden sind, ist die Erfindung des Alphabets eine einmalige Leistung. Die geniale Idee, von der Bedeutung der Sprache zu abstrahieren, den Klangstrom in Lautklassen zu gliedern und durch einen kleinen Vorrat von Zeichen (26 Buchstaben) darzustellen, erfordert eine beträchtliche Abstraktion und Sprachbewusstheit. Zum Problem der Sprachbewusstheit und der Sprachanalyse, insbesondere der phonologischen Fähigkeiten, liegen seit geraumer Zeit konzeptionelle und empirische Arbeiten vor, die allerdings wenig rezipiert worden sind (*Andresen* 1985, *Downing/Valtin* 1984). Folgende, im wesentlichen sprachanalytische Fähigkeiten müssen beim Schriftspracherwerb vom Lernenden erworben werden:

- **das Wortkonzept**: In der Schule wird das Kind mit einem neuartigen formalen Wortbegriff konfrontiert, während seine Alltagsvorstellungen vom Wort handlungs- und kontextbezogen sind. Auf die Frage: „Warum heißt Geburtstag Geburtstag?", erhält man Antworten wie: „weil man da Geschenke bekommt", „weil es da Kuchen gibt". Um sich auf den schulischen Wortbegriff einzustellen, muss das Kind kognitiv eine Dezentrierungsleistung vollbringen und vom Gegenstand bzw. der Handlung abstrahieren, was nicht auf Anhieb gelingt. Noch nach drei Monaten Schulunterricht gibt es Kinder, die auf die Frage: „Hör mal genau hin. Womit fängt das Wort Auto an?", antworten: „Mit einer Stoßstange". Ebenso haben Kinder Schwierigkeiten bei der Segmentierung von Sätzen in Einzelwörter, weil sie ursprünglich nach Sinneinheiten gliedern. Zum Lesen- und Schreibenlernen gehört auch die Einsicht, dass in einem geschriebenen Satz *alle Redeteile* aufgeschrieben werden. Es ist viel zu wenig bekannt, dass Schulanfängern normalerweise diese Einsicht fehlt: Viele Kinder glauben nämlich, dass nur Hauptwörter bzw. Hauptwörter und Verben aufgeschrieben werden, nicht aber Artikel und andere Funktionswörter. Mit Hilfe eines einfachen Verfahrens nach *Feirrero* kann man prüfen, welche Vorstellungen Kinder über den Zusammenhang zwischen geschriebener und gesprochener Sprache entwickeln. Hier die Beschreibung der Einzelbefragung: Vor den Augen des Kindes schreibt der Versuchsleiter einen Satz; z.B.: Das Kind kauft ein Eis. Im Anschluss daran liest er den Satz mit normaler Betonung vor, ohne einzelne Wörter besonders hervorzuheben, und bittet das Kind, den Satz zu wiederholen. Daran schließen sich folgende Fragen an: „Habe ich irgendwo 'Eis' (bzw. 'Kind', 'kauft', 'ein', 'das') geschrieben?" Und:

„Wo steht das?" Wo einzelne Textteile vom Kind nicht zugeordnet worden sind, deutet der Interviewer darauf und fragt: „Und was steht da?" Zum Abschluss soll das Kind den Satz noch einmal wiederholen.

Fast alle Vorschüler und Kinder der ersten Klasse meinen, nur die Nomen und das Verb seien aufgeschrieben, und sie zeigen ziemlich beliebig auf die Wörter; manche verfolgen auch eine Strategie von links nach rechts bzw. von rechts nach links, was darauf hindeutet, dass sie noch nicht die Einsicht erworben haben, dass es eine Entsprechung zwischen der Reihenfolge der gesprochenen und der geschriebenen Wörter gibt. Auf die Frage nach dem Artikel wissen die meisten Kinder keine Antwort.

Einige Kinder antworten jedoch auch mit originellen Satzerweiterungen, z.B. Niklas, fünf Jahre:

Dem Satz

Das   Kind   kauft   ein   Eis

ordnet er folgende Wörter zu:

Eis   Kind   kauft

Befragt, was das 1. Wort „Das" bedeutet, antwortet er: „Das Kind geht in einen Eisladen und kauft sich ein Eis". Auf die Frage, was beim letzten Wort steht, antwortet er: „Das Kind, das hat dem Eis gut geschmeckt." Auf die abschließende Bitte, noch einmal insgesamt zu wiederholen, was dort steht, antwortet er richtig mit dem Satz: „Das Kind kauft ein Eis" und scheint sich nicht an dem Widerspruch zu stoßen, dass ein- und derselbe geschriebene Satz gleich zwei unterschiedliche sprachliche Muster darstellt.

Dieses Beispiel veranschaulicht, dass beim Schriftspracherwerb eine Einsicht in den Zusammenhang von gesprochener und geschriebener Sprache erlangt werden muss, dergestalt, dass die Reihenfolge der gesprochenen und geschriebenen Elemente einander entspricht und dass alle Redeteile aufgeschrieben werden. Zu Schulbeginn verfügen die Lernenden noch nicht über dieses Wortkonzept. Viele Erstklässler haben sogar noch nach sechs Monaten Schulunterricht Schwierigkeiten, die Anzahl der Wörter in einem mündlich vorgesprochenen Satz zu identifizieren (weitere Ergebnisse und Untersuchungsverfahren dazu bei *Valtin u.a.* 1993).

Kinder gelangen erst allmählich zu der Erkenntnis, dass auch die Artikel und die Funktionswörter aufgeschrieben werden, und sie schreiben zunächst die Wörter ohne Lücken hintereinander. Mit der Erkenntnis des Wortkonzepts setzen einige Kinder – und auch das ist eine originelle Regelbildung – Striche zwischen die Wörter, um Wortgrenzen zu markieren.

- **Phonembewusstsein und Lautanalyse.** Weil wir Erwachsenen uns am vorgestellten Schriftbild orientieren, haben wir den fälschlichen Eindruck, dass wir beim Reden einzelne Laute hintereinander sprechen oder beim Zuhören einzelne Laute nacheinander wahrnehmen. *Jung* (1977) hat dies in einem einfallsreichen Experiment nachgewiesen. Dabei wurden per Tonband Sätze vorgesprochen, die teilweise manipuliert waren, indem akustisch ähnliche Wörter vertauscht wurden, z. B. „Der Arzt hat seinen Puls ge<u>füll</u>t". „Die Mutter hat sein Glas ge<u>fühl</u>t". Die Versuchspersonen hatten zu entscheiden, ob es sich um einen langen oder kurzen Vokal handelte. Die meisten bemerkten die Vertauschung gar nicht, da sie sich am vorgestellten Schriftbild orientierten und objektiv im Lautbestand nicht vorhandene Laute zu hören glaubten. Sogenannte Legastheni-

ker schnitten bei dieser Aufgabe sogar besser als gute Leser ab, weil sie noch nicht über die Schriftbildvorstellungen verfügten. Diese gute Leistung ist ein Beleg dafür, dass LRS-Kinder sehr wohl genau hören können, ihre Probleme liegen eher in der Analyse und Kategorisierung als in der Wahrnehmung von Lauten.

Die Lautanalyse ist deshalb so schwierig, weil beim Reden die einzelnen Laute aufgrund der Koartikulation miteinander verschmolzen werden. Man kann es an sich selbst beobachten: Artikuliert man die Wörter Glanz und Glut, so bemerkt man, dass die Lippen- und Zungenstellung vom Beginn an eine ganz andere ist. Die auditive Analyse ist deshalb am leichtesten zu bewältigen, wenn die Kinder das Schriftbild vor Augen haben. Auch wenn die Kinder die Zuordnung von einzelnen Lauten und Buchstaben erlernt haben, dauert es noch eine ganze Weile, bis sie zur vollständigen Phonemanalyse – vor allem bei Wörtern mit Konsonantenhäufungen – fähig sind.

- **Kenntnis der Phonem-Graphem-Zuordnungen.** Die von den Lernenden zu meisternde Schwierigkeit besteht darin, dass es keine Eins-zu-eins-Zuordnung von Lauten und Schriftzeichen gibt. Einerseits sind die Schriftzeichen unterschiedlich komplex, denn sie können aus einem (a), zwei (ah) oder drei Buchstaben (sch/ieh) bestehen, andererseits gibt es eindeutige Grapheme, die ein Phonem repräsentieren (wie l, r, m, t und h) und mehrdeutige Grapheme, die zwei Phoneme repräsentieren (wie „d" für /d/ und /t/ in Hand, „b" für /b/ und /p/ in Stab). Da nicht alle Wörter regelhaft gebildet werden, ist zum Erwerb der Orthographie ein beträchtlicher Lern- und Übungsaufwand erforderlich.

Die beschriebenen Kenntnisse und Einsichten werden von Kindern nicht schlagartig von heute auf morgen und

Fähigkeiten und Einsichten		Lesen	Schreiben	
1	Nachahmung äußerer Verhaltensweisen	*„Als-ob"-Vorlesen*	*Kritzeln*	1
2	Kenntnis einzelner Buchstaben an Hand figurativer Merkmale	*Erraten von Wörtern auf Grund visueller Merkmale von Buchstaben oder -teilen (Firmenembleme benennen)*	*Malen von Buchstabenreihen, Malen des eigenen Namens*	2
3	Beginnende Einsicht in den Buchstaben-Laut-Bezug, Kenntnis einiger Buchstaben/Laute	*Benennen von Lautelementen, häufig orientiert am Anfangsbuchstaben, Abhängigkeit vom Kontext*	*Schreiben von Lautelementen (Anlaut, prägnanter Laut zu Beginn des Wortes), „Skelettschreibungen"*	3
4	Einsicht in die Buchstaben-Laut-Beziehung	*Buchstabenweises Erlesen (Übersetzen von Buchstaben- und Lautreihen), gelegentlich ohne Sinnverständnis*	*Phonetische Schreibungen nach dem Prinzip „Schreibe, wie du sprichst"*	4
5	Verwendung orthographischer bzw. sprachstruktureller Elemente	*Fortgeschrittenes Lesen: Verwendung größerer Einheiten (z.B. mehrgl. Schriftzeichen, Silben, Endungen wie -en, -er)*	*Verwendung orthographischer Muster (z.B. -en, -er; Umlaute), gelegentlich auch falsche Generalisierungen*	5
6	Automatisierung von Teilprozessen	*Automatisiertes Worterkennen und Hypothesenbildung*	*Entfaltete orthographische Kenntnisse*	6

Abb. 1

auch nicht kontinuierlich erworben. Vielmehr lassen sich charakteristische Stufen beim Schreiben und Lesen unbekannter Wörter beobachten (bekannte Wörter werden zunächst nur auswendig gelernt), die jeweils durch eine dominante Strategie gekennzeichnet sind (ausführlich dazu *Valtin* 1993a).

Beim Schreibenlernen handelt es sich um die folgenden Stufen:

- *Kritzeln*
- *Aneinanderreihen von Buchstaben (Pseudo-Wörter)*: Die Kinder schreiben einzelne Buchstaben (meist Großantiqua) oder malen buchstabenähnliche Zeichen, aber ohne jeglichen Bezug zur Lautung der Wörter.
- *Skelettartige Schreibungen*: Die wichtigsten Laute werden nun wiedergegeben, häufig wird auch zumindest jede Silbe durch wenigstens einen Buchstaben markiert, z.B. MS (Maus) oder VOG (Vogel). Beim Schreiben von Sätzen werden jedoch Funktionswörter ausgelassen und die Wörter ohne Lücken aneinandergereiht.
- *Schreiben nach dem Prinzip „Schreibe, wie du sprichst"*: Die Kinder orientieren sich dabei vorwiegend an ihrer eigenen Artikulation, d.h. an ihrer häufig dialektal gefärbten Umgangssprache. Es ist charakteristisch für LRS-Kinder, dass sie sich besonders lange auf dieser Stufe aufhalten.
- *Erste Verwendung orthographischer Muster*: Viele Fehler entstehen durch Übergeneralisierungen orthographischer Regelungen, z.B. „er vragt" (fragt), „mier" (mir) oder Einfügung von Dehnungs-h.

63

- Übergang zur entwickelten Rechtschreibfähigkeit.

Beim Lesenlernen lassen sich ähnliche Etappen erkennen, die z.B. von *Scheerer-Neumann* (1987) beschrieben wurden (s. Abb. 1).

Bei vielen Kindern lassen sich Hinweise auf die Verwendung mehrerer Strategien finden. Vor allem unter Stress (bei Zeit- und Leistungsdruck) ist häufig ein Rückfall auf eine einfachere Strategie zu beobachten.

Dieses Entwicklungsmodell verdeutlicht, dass **alle** Kinder charakteristische Schwierigkeiten haben, die in der Natur der Sache liegen, aber nicht in Defiziten der Kinder. In der früheren Forschung wurden vielfach die Probleme der Kinder auf besondere Störungen oder Teilleistungsschwächen zurückgeführt wie Raumlagelabilität oder auditive Differenzierungsmängel. Fast alle Kinder in der Anfangsphase vertauschen jedoch spiegelbildliche Buchstaben, wie d und b, weil sie die Form, nicht jedoch die Lage im Raum als bedeutungsunterscheidend wahrnehmen. Ebenso haben zunächst alle Kinder Schwierigkeiten, die vollständige Lautanalyse eines Wortes vorzunehmen, ohne dass es sich hierbei um auditive Wahrnehmungsmängel handelt.

Das Stufenmodell impliziert auch ein neues Konzept von Fehlern: Fehler sind notwendige und häufig auch sinnvolle Annäherungen an den Lerngegenstand. Sie können paradoxerweise auch Fortschritte in der Entwicklung schriftsprachlicher Fähigkeiten signalisieren. (Ein Kind, das das Wort „Roller" zunächst mechanisch richtig schreibt, wird – angelangt auf der Stufe der phonetischen Verschriftungen – „Rola" schreibt. Auch „Opa", zunächst richtig geschrieben, kann in der Stufe der Entdeckung orthographischer Muster

„Op<u>er</u>" verschriftet werden und ist als Fortschritt zu werten.)

Neben diesen Hürden, die sich beim Erwerb der Schriftsprache bei allen Kindern zeigen, entstehen weitere Schwie-

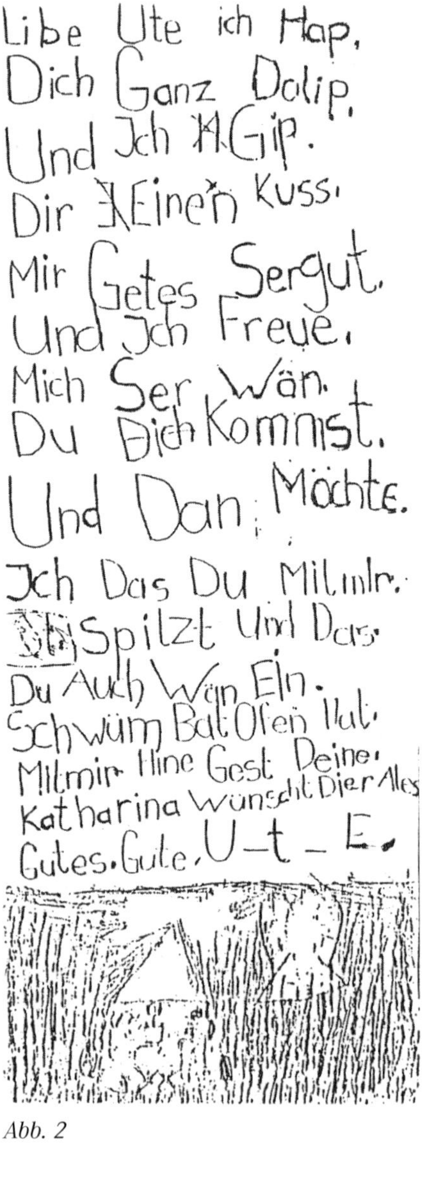

Abb. 2

64

rigkeiten dadurch, dass Kinder sich Regeln oder Vorstellungen bilden, die dem Lerngegenstand nicht angemessen sind. Im folgenden Beispiel (Abb. 2), einem Liebesbrief, den Katharina nach zwei Monaten Schulunterricht an ihre Freundin schreibt, finden sich zwei originelle Regeln: Jedes Wort (wobei die Gliederung stark von der Intonation beeinflusst ist: Dolip, Getes, Sergut, Mitmir) wird groß geschrieben. Am Ende jeder Zeile steht ein Punkt.

Dass Lernprobleme dadurch entstehen können, dass Kinder Modellvorstellungen und Lernstrategien aufweisen, die dem Lerngegenstand Orthographie nicht angemessen sind, habe ich in einer Untersuchung an 60 guten und schwachen Rechtschreibern des 3., 4. und 6. Schuljahrs nachgewiesen (in: *Valtin* 1993b). Den Kindern wurden u.a. Wörter diktiert, die in einen Satz einzusetzen waren, und sie wurden anschließend nach dem Grund für ihre Schreibweise befragt. Es zeigte sich, dass viele Orthographiefehler aus einer falschen Regelbildung entstehen. So wurde vor allem von rechtschreibschwachen Schülern die Verdoppelung von Konsonanten (in den Beispielwörtern: herrlich, Geschirr) nicht vorgenommen, weil sie die falsche Regel gebildet hatten: „Doppelkonsonanten kann man hören. Ich höre aber nur ein r". Diese Regel hatten auch viele gute Rechtschreiber gebildet, sie hatten aber das Kunststück fertiggebracht, die Doppelkonsonanten zu hören: „Es heißt doch Geschirrrrr und herrrrlich!" Interessanterweise bezog sich in dieser Studie kein einziges Kind auf die Rechtschreibregel: „Nach Kurzvokal folgt häufig ein Doppelkonsonant", die laut Lehrplan mehrere Wochen im gängigen Rechtschreibunterricht einnimmt – ein eklatantes Beispiel dafür, dass Lehren nicht in Lernen resultieren muss.

Untersucht wurde ferner die Großschreibung von Nomen, die leider auch bei der sogenannten neuen Rechtschreibreform beibehalten wird, obwohl von allen Schriftsprachen nur die deutsche Orthographie diese Regelung vornimmt. Es erwies sich, dass die schwachen Rechtschreiber vor allem aus drei Gründen Schwierigkeiten hatten: Erstens verwendeten sie vorwiegend eine einzige Regel starr und mechanisch. Hier einige Argumentationen der Kinder: „Wenn 'der, die, das' davorsteht, wird es groß geschrieben. 'Dem Ängstlichen' wird klein geschrieben, denn es steht nicht 'der, die, das' davor." – „'Beim Grüßen' schreibe ich klein, weil man es nicht anfassen kann."
Zweitens hatten die Kinder Schwierigkeiten, die grammatische Wortklasse zu erkennen („Gliedmaßen schreibe ich klein, es kann weh tun, also Tu-Wort").
Drittens bildeten die Kinder häufig Regeln mit einer privaten Logik. Kathrin schreibt „sie Zerreißt" mit der Begründung: „Weil, glaube ich, ein Begleiter davorsteht". Statt „Artikel" lernen die Kinder in einigen Bundesländern den Ausdruck „Begleiter". Es entspricht durchaus kindlicher Logik, „sie" als „Begleiter" zu deuten.
Die dieser Befragung zugrunde liegende Idee, das Kind als Informant über seinen Lernprozess ernst zu nehmen, hat sich auch in einem weiteren Bereich als fruchtbar erwiesen. Es zeigte sich, dass die rechtschreibschwachen Kinder über weniger effektive Lerneinstellungen zur Orthographie sowie über eine geringere Kenntnis effektiverer Strategien und methodischer Vorgehensweisen zum Behalten eines Wortes verfügten. Befragt, was sie tun, wenn sie sich ein schweres Wort merken sollten, antworteten jüngere Kinder und ältere rechtschreibschwache Kinder in der Regel: „Lesen und behalten", „ich guck es mir an, dann kann ich

65

es". Die älteren guten Rechtschreiber nannten mehrere und auch wirkungsvollere Strategien (z.B. auf besondere Schwierigkeiten achten, abschreiben, das Wort aus dem Gedächtnis schreiben und dann vergleichen, durch Wiederholungen lernen). Ich vermute bei den Rechtschreibschwachen ein Entwicklungsdefizit – wie ich überhaupt die These vertrete, dass legasthenische Kinder auf unteren Ebenen der Schriftsprachentwicklung stehengeblieben sind, weil sie größere Hürden zu überwinden haben (z.b. sprachliche und artikulatorische Mängel). Ihr langsames Lernen wird zum Versagen, weil die Lernanforderungen, die an die Gesamtklasse gestellt werden, keine optimale Passung mit ihren Lernvoraussetzungen bilden. Hinzu kommen emotionale Faktoren. Der Zwang zur Leistungsbeurteilung führt dazu, dass langsames Lernen vom Kind und der Lehrerin als Misserfolg gedeutet wird, was beim Kind zu Leistungsversagenserlebnissen und dem bekannten Teufelskreis führt. Erfahrungen aus sogenannten freien Schulen zeigen übrigens, dass der Wegfall der Notengebung und früher Selektionsentscheidungen diesen Kindern mehr Zeit zum Lernen bietet und ihnen Misserfolgserlebnisse und deren negative Folgen für die Persönlichkeitsentwicklung ersparen.

Didaktische Prinzipien für ein erfolgreiches Lesen- und Schreibenlernen

Das Lesen und Schreiben zu lehren gehört zu den Hauptaufgaben der Grundschule, und es ist ihre pädagogische Aufgabe, dafür zu sorgen, dass möglichst wenige Schüler und Schülerinnen gegenüber diesen Grundanforderungen versagen – so heißt es in einem Beschluss der KMK vom 20.4.1978. Die Forschungen der letzten Jahre zum Schriftspracherwerb und zu Lese-Rechtschreibschwierigkeiten haben wesentliche Erkenntnisse darüber erbracht, wie Kinder lesen und schreiben lernen und welches die allgemeinen und die besonderen Schwierigkeiten dabei sind. Eine Umsetzung dieser Erkenntnisse kann wesentlich dazu beitragen, dass Kindern ein Erfolg beim Lesen- und Schreibenlernen ermöglicht werden kann.

Vorausschicken möchte ich folgenden Gedanken: Aus der oben vorgestellten Konzeption des lernenden Kindes, das aktiv den Lerngegenstand konstruiert, darf man nicht ableiten, dass es ausreiche, lediglich eine anregende Lernumwelt sozusagen als Selbstbedienungsladen für die Schüler zu schaffen. *Piaget*, dessen Lerntheorie hier zugrundegelegt wird, hat in seiner Auseinandersetzung mit *Susan Isaacs*, die sich für selbstbestimmtes Lernen einsetzte, hervorgehoben, dass die Aufgaben der Lehrkraft vielfältig sind: Sie muss die Lernangebote vorstrukturieren, den Kindern bei der Auswahl der für sie geeigneten Angebote behilflich sein und sie muss sozusagen „nachstrukturieren", d.h. die Entdeckungen und Erfahrungen der Kinder gemeinsam mit ihnen systematisieren und verallgemeinern (*Piaget* 1972, S. 172; s. auch *Fatke/Schweitzer* 1983). Die Schaffung einer anregenden Schriftumwelt allein ohne gezielte Hilfen reicht also nicht aus. Ein guter Unterricht sollte die folgenden Prinzipien berücksichtigen:

1. Das Kind dort abholen, wo es steht

Mit Hilfe des Stufenmodells können Lehrerinnen und Lehrer Stärken und Schwächen von Kindern beim Lesen- und Schreibenlernen erkennen und geeignete Fördermöglichkeiten zur Hinführung zur „Zone der nächsten Entwicklung" wählen. Als Grundsatz gilt, eine möglichst optimale Passung zwischen der Aneignungsstufe und dem Lernangebot herzustellen (s. dazu *Valtin* 1993a).

2. Anwendung einer sachadäquaten Methode beim Schriftspracherwerb

Zahlreiche Erfahrungsberichte, aber auch einige empirische Untersuchungen (*Herff* 1993, *May* 1994) deuten darauf hin, dass Kinder am effektivsten lesen und schreiben lernen, wenn sie mit Hilfe des analytisch-synthetischen Verfahrens direkt zur Erfassung der Struktur der Alphabetschrift angeleitet werden. Die Kinder prägen sich einfach strukturierte Wortbilder ("Schlüsselwörter") ein, die von Anbeginn an voll durchgegliedert werden, und zwar mit allen Sinnen: visuelles Erfassen und Gliedern, lautliches Unterscheiden, Mitartikulieren und Nachsprechen, Hantieren mit Buchstaben- und Wortkarten, Legen, Nachfahren und Schreiben von Buchstaben und Wörtern. Aus den Ergebnissen des Stufenmodells ist abzuleiten, dass Kinder zunächst an einfach strukturierten Wörtern, die aus eingliedrigen und möglichst eindeutigen Schriftzeichen bestehen, die Einsicht in das alphabetische Prinzip erwerben sollen.

3. Integration von Lesen- und Schreibenlernen von Anfang an

Die Verzahnung von Lesen- und Schreibenlernen unterstützt das Erlernen der charakteristischen Merkmale der Buchstaben und das Erkennen der alphabetischen Struktur unserer Schrift. Das Schreiben, gekoppelt mit Dehnsprechen, lenkt die Aufmerksamkeit auf die Abfolge der Buchstaben und die genaue Durchgliederung des Wortes und fördert somit die Einsicht in das phonematische Prinzip unserer Schrift. Weit bedeutsamer jedoch als dieses sachlogische Argument ist der motivationale Effekt des gleichzeitigen Lesens und Schreibens, denn Kinder wollen von Beginn an auch schreiben bzw. Buchstaben, Wörter und Texte abmalen. Damit die Kinder von den Vorzügen dieses Ansatzes allerdings uneingeschränkt profitieren können, sollte man eine einheitliche Schrift zum Lesen und Schreiben wählen. Gute Erfahrungen sind mit der Druckschrift, sei es in Gemischtantiqua (*Spitta* 1988), aber auch in Großantiqua (*Valtin* 1990), gemacht worden.

Das anfängliche „Schreibdrucken" bietet die folgenden Vorzüge:

- Es knüpft an vorschulische Erfahrungen der Kinder an,
- es fällt den Kindern wegen der einfachen Strukturelemente leicht und kann ohne Vorübungen begonnen werden, und
- es eröffnet die Möglichkeit, Schreibenlernen von Beginn an als kommunikative Handlung erfahrbar zu machen (Kinder schreiben ihre eigenen Wörter, Sätze oder Bildgeschichten).

Die geschilderten Vorteile der Gemischtantiqua werden noch vergrößert, wenn in den ersten Wochen oder Monaten nur die Großantiqua-Buchstaben verwendet werden. Für einen Einstieg mit diesen großen Druckbuchstaben, welche die römische Monumentalschrift bilden, sprechen sachlogische, lernpsychologische und historische Argumente:

- Hoher Bekanntheitsgrad: Zu Schulbeginn können fast alle Kinder ihren eigenen Namen in Großbuchstaben schreiben und sie kennen mindestens drei- bis viermal so viele große wie kleine Buchstaben.
- Leichtere Unterscheidbarkeit: Die großen Buchstaben sind leichter voneinander zu unterscheiden (A E O B D T F L). Kleine Buchstaben sind einander ähnlicher (a e o b d t f l) und deswegen schwerer zu merken. Da für Schulanfänger zunächst nur die Form der Buchstaben, nicht aber ihre Lage im Raum bedeutsam ist, neigen sie zu

Buchstabenverwechslungen (d – b, p – q), was bei Großbuchstaben, die sich stärker unterscheiden, nicht so leicht möglich ist.
- Leichte Einprägbarkeit: Große Buchstaben sind prägnanter und auffallender. Schließlich werden auch wichtige Textinformationen (Überschriften in Büchern und Zeitschriften, Werbesprüche, Sprechblasen-Texte in Comics) sowie viele den Kindern bekannte Produktnamen so geschrieben.
- Leichte Schreibbarkeit: Da Vorschulkinder in ihren Zeichnungen bereits die Elemente verwenden, aus denen die Großantiqua-Buchstaben gebildet werden – nämlich gerade Linien und Bögen –, können Schwungübungen oder ein Schreibvorkurs entfallen. Durch das Schreiben der großen Druckbuchstaben wird die Handmotorik so geübt, dass der Übergang zur Gemischtantiqua und zu verbundenen Schriften ohne zusätzliche schreibmotorische Übungen vonstatten gehen kann.
- Kindgemäßheit: Wer die spontanen Schreibversuche von Kindern beobachtet, wird feststellen, dass diese fast ausschließlich Großantiqua-Buchstaben verwenden. Selbst wenn Kinder von Beginn an die Schreibschrift oder Gemischtantiqua lernen, verwenden sie bei neuen Wörtern, die sie frei konstruieren, Großantiqua-Buchstaben (s. Abb. 3).
- Historische Argumente: Ein Blick in die Geschichte der Pädagogik zeigt, dass der Beginn des Lese- und Schreibunterrichts mit Großantiqua eine lange Tradition hat (s. dazu *Valtin* 1990). Außer *Fröbel* haben sich *Sütterlin, Steiner* u. a. dafür eingesetzt, den ersten Schreib- und Leseunterricht mit den „großen lateinischen Buchstaben" zu beginnen. Vor allem in den 20er Jahren unseres Jahrhunderts war die Großantiqua im Anfangsunterricht in vielen Klassen verbreitet und hatte viele überzeugte Anhänger sowohl unter Schreib- als auch unter Lesedidaktikern, gerade auch in Sonderschulen. Zu Beginn unseres Jahrhunderts gab es übrigens zahlreiche empirische Untersuchungen, in denen beim Lesen- und Schreibenlernen die Überlegenheit der Steinschrift (Großantiqua) über die damals übliche Kurrentschrift festgestellt wurde. Auch noch nach dem 2. Weltkrieg erschienen zahlreiche Fibeln, die mit Großantiqua begannen. Da diese aber synthetische Verfahren favorisierten, verloren sie an Bedeutung mit dem Aufkommen der Ganzheitsmethode.

Bislang ermöglichen zwei Fibeln einen Beginn mit Großbuchstaben: „Kunterbunt" (Klett-Verlag) und „Bunte Fibel", in der Ausgabe „FARA und FU" (Schroedel-Verlag).

4. Ermöglichung und Förderung eigener Schreibversuche

Es ist für die Lehrerin bzw. den Lehrer nicht immer leicht, eine didaktische Balance zwischen dem Schreiben in strukturierten Übungen und dem freien Schreiben herzustellen. Es gibt Kinder, die mit wenigen Lernimpulsen auskommen, um das Prinzip der Buchstabenschrift selbständig-entdeckend zu erfassen und in eigenen Verschriftungen anzuwenden. Die meisten Kinder bedürfen jedoch angeleiteter Schreibübungen, um dabei die Voraussetzungen zu erwerben, die für das selbständig-freie Schreiben erforderlich sind. Das freie Schreiben kann deshalb keine ausschließliche Methode sein, sondern nur eine mögliche Aktivitätsform im Rahmen vielfältiger schriftsprachlicher Betätigungen. Diese Folgerung ist auch aus dem Stufenmodell des Lesens und Schreibens ableitbar: Kinder brauchen geraume Zeit, bis sie zur vollständigen Lautanalyse, der Voraussetzung für freies Schreiben, in der Lage sind.

Ein besonders hilfreiches Arbeitsmittel zur Einübung in die selbständige schriftliche Äußerung sind „Schreibgeschichten-Bilder", die das Kind anregen, eigene „Geschichten" zu schreiben. Anbei ein Beispiel für Schreibmalgeschichten zum Lehrgang „Fara und Fu":

Abb. 3

Da die Kinder in freien Schreibarbeiten nicht nur die geübten Wörter verwenden, sondern auch Wörter, in denen mehr als die geübten Laute und Buchstaben vorkommen, muss das Kind in die Lage versetzt werden, zu den wahrgenommenen Lauten selbständig die Buchstaben zu finden. Die Grundtechnik der Wortdurchgliederung erlernt das Kind im Umgang mit den Schlüsselwörtern: Bei den analytisch-synthetischen Operationen am Wort sind Sehen, Hören und Sprechen simultan beteiligt. Wenn das Kind den Bezug zwischen der Lautstruktur im gesprochenen Wort und der Buchstabenfolge im geschriebenen Wort erfasst hat, ist eine wichtige Grundvoraussetzung für eigenständiges Verschriften erfüllt. Als Hilfsmittel für das Verwenden von ungeübten Buchstaben hat sich eine Anlauttabelle bewährt, wie sie inzwischen von einigen Verlagen ange-

boten wird. Sie kann für alle sichtbar an der Klassenwand aufgehängt werden, etwa in Form einer Buchstabeneisenbahn oder eines Buchstabenhauses. Als sinnvoll hat sich auch eine kleinere Version für die Hand der einzelnen Schüler und Schülerinnen erwiesen.

Mit Hilfe dieser Tabellen kann das Kind zu einem Laut den entsprechenden Buchstaben finden, indem es den Laut im „Anlaut-Verfahren" mit den Anlauten der Bilder vergleicht. Während manche Kinder schon in kurzer Zeit den selbständigen Gebrauch der Anlauttabelle erlernen und zu ganz erstaunlichen Schreibergebnissen gelangen, bedürfen andere langfristiger und intensiver Übung mit der Lehrerin oder dem Lehrer.

Die Anlauttabelle bildet in der hier vorgetragenen Unterrichtskonzeption ein zusätzliches Arbeitsmittel innerhalb eines integrierten Lese- und Schreiblehrgangs, wobei die Kinder mit Hilfe des Schlüsselwortverfahrens die visuelle, auditive und sprechmotorische Durchgliederung eines Wortes an einem vorliegenden Schriftbild erfahren und von Beginn an das orthographisch richtige Schreiben erlernen. Ein Ansatz wie „Lesen durch Schreiben", der in den ersten Phasen die Kinder ausschließlich zum freien Verschriften der von ihnen gewählten Wörter und Texte anhält, stellt sehr hohe Anforderungen an die Lernvoraussetzungen der Kinder: Sie müssen die Vergegenständlichung von Sprache und die Abstraktion vom Bedeutungskontext begreifen, ohne das dafür hilfreiche Schriftbild vor Augen zu haben, und sie müssen zu einer vollständigen Lautanalyse befähigt sein, was – wie das Stufenmodell des Schriftspracherwerbs zeigt – jedoch eine relativ späte Errungenschaft ist (s. dazu auch *Scherer-Neumann* 1995). Kinder lernen mit Hilfe von

Anlauttabellen die Strategie „Schreibe-wie-du-sprichst", eine zwar wichtige, aber häufig unzureichende Strategie (wenn Kinder z.B. Zoo als TSO verschriften), die zudem höchstens dann erfolgreich ist, wenn die Kinder über die hochdeutsche Aussprache und – im Falle ausländischer Kinder – über gute deutsche Sprachkenntnisse verfügen. Dies ist aber nicht immer der Fall. Deshalb findet man in freien Verschriftungen häufig dialektale Verfärbungen (z. B. wenn ein bayerisches Kind das Wort „Bäckergeselle" phonetisch völlig richtig als BEGAXEL verschriftet).

5. Motivation zum Schriftspracherwerb schaffen

Nicht alle Kinder sind zu Schulbeginn motiviert, lesen und schreiben zu lernen, zumal wenn sie aus schriftfernen Milieus stammen und ihnen erwachsene Modelle fehlen, die Schriftsprache gebrauchen. Aus diesem Grund sind „extrinsische" Motivierungen nötig und sinnvoll. Viele Lehrerinnen und Lehrer verwenden deshalb für den Leseanfang Spielfiguren. Aus der Begegnung mit Spielfiguren ergeben sich Möglichkeiten, die ersten Lesewörter in lebendige Erlebnissituationen einzubetten und so bei den Kindern eine hohe Motivation zur Nachahmung freizusetzen. Mit Handpuppen lassen sich vielfältige Spielmöglichkeiten nutzen. Beispielsweise helfen die Puppen einander oder den Kindern beim Lesen, sie schreiben mit der Kreide im Mund an die Wandtafel, erzählen Geschichten, spielen kleine Szenen, üben Spielregeln ein, erklären neue Arbeitstechniken, geben Lob, Ermutigung und Ratschläge bei der Arbeit. Erfahrungsgemäß sind auch sehr sprach-gehemmte Kinder leicht zu motivieren, sich von einer Puppe ansprechen zu lassen und sich mit ihr zu unterhalten.

Eine weitere wichtige Motivation erfahren die Kinder durch den sinnvollen Gebrauch von Schriftsprache, wenn Lesen und Schreiben in kommunikativ relevante Situationen eingebettet sind (sich gegenseitig kleine Briefe schreiben, sich Geschichten vorlesen oder vorlesen lassen, Poster und Bücher erstellen).

Vor allem durch eine „Veröffentlichung" der kindlichen Produkte – und seien sie noch so bescheiden – wird die Motivation zum richtigen Schreiben geweckt: Zeichnungen, Bilder, Lieblingswörter, kleine Sätze oder auch ganze Geschichten werden an der Klassenwand aufgehängt oder zu Lesebüchern für die Klasse zusammengestellt.

6. Differenzierung, aber wie?

Differenzierung kann nicht heißen, dass von Beginn an Kinder in homogene Gruppen aufgeteilt werden, unabhängig voneinander lernen und sich in ihrem Leistungsstand immer weiter voneinander entfernen. Differenzierung sollte in den ersten Schuljahren vorrangig unter sozialem Aspekt erfolgen (zum Einüben kooperativer Verhaltensweisen, zum gegenseitigen Anregen) und erst in zweiter Linie unter dem Leistungsaspekt, zumal das strenge Differenzieren in homogene Leistungsgruppen sich als unvorteilhaft für die sozial-emotionale Entwicklung der Kinder der schwächeren Gruppen herausgestellt hat.

In jedem Unterricht, bezogen auf eine Unterrichtsstunde bzw. eine Lerneinheit, ist deshalb ein dreischrittiges Vorgehen zu empfehlen:

– *Ausgehen von einer gemeinsamem Basis*
In dieser Lernphase – und sei sie noch so kurz – lernen die Kinder an einem gemeinsamen Lerngegenstand, zum Beispiel lernen sie ein neues Wort oder ein neues Schriftzeichen, oder sie lesen gemeinsam einen kleinen Text.

– *Differenzierung*

70

Im Anschluss daran erfolgt eine Phase, in der nach Lerntempo und Schwierigkeitsgrad differenziert wird. Viele neuere Lehrgänge bieten vielfältige Materialien, die zur Differenzierung geeignet sind und die Lehrkräfte von der mühsamen Materialbeschaffung und -erstellung freisetzen. So besteht der Lehrgang „Fara und Fu" (Schroedel-Verlag) neben der Fibel aus einem umfangreichen Programmpaket mit Materialien, die zur Einzel- und Partnerarbeit im differenzierenden Unterricht geeignet sind, z.B. eine Lernkartei oder Arbeits- und Spielkarten, welche sämtliche die Möglichkeit der Selbstkontrolle haben. Diese die Fibeln ergänzenden Materialien sind so gestaltet, dass für Frühleser und langsamer lernende Kinder ein gemeinsamer Arbeits- und Lernzusammenhang gewahrt ist.

–Phasen der Freiarbeit und des offenen Lernens
Neben dem gemeinsamen Unterricht sollten die Kinder Zeit für freie Arbeit erhalten, in der sie sich allein oder mit einem Partner Aufgaben und Materialien auswählen und ihr Lerntempo selbst bestimmen können. Das Materialangebot sollte den Kindern Möglichkeiten für Eigenaktivität und selbstständiges Probieren einräumen, damit sie sich die Funktion und den Aufbau der Schrift aneignen können. Für Phasen der Freiarbeit und des offenen Lernens, in denen Kinder selbstbestimmt und nach eigenem Tempo lernen, wird eine Leseecke eingerichtet bzw. werden weitere Zusatzmaterialien, zum Beispiel in einer Lesekiste, bereitgestellt. Die Einrichtung einer gemütlichen „Leseecke" im Klassenzimmer eröffnet den Kindern die Möglichkeit, sich zu bestimmten Zeiten zurückzuziehen, sich Bilderbücher anzuschauen, eine Geschichte zu lesen oder vorlesen zu lassen oder sich mit einem Leselernspiel zu beschäftigen. Wegen der un-terschiedlichen Lernfortschritte im Lesen ist es notwendig, sowohl für die langsam als auch für die schnell lernenden Kinder zusätzliche Materialien bereitzustellen. In vielen Klassen hat sich die Einrichtung einer kleinen Sammlung (z. B. in einem „Lesekasten") bewährt, aus der die Kinder selbständig Materialien auswählen können. Gegebenenfalls kann der Schwierigkeitsgrad gekennzeichnet sein (verschiedene Farben oder Zeichen). Der Kasten enthält Leseaufgaben, kurze Texte, Witze, Rätsel, aus verschiedenen Fibeln, Büchern und Zeitschriften herausgeschnittene Geschichten oder von der Lehrerin oder von Kindern selbstgefertigte Materialien. Geeignet sind auch Lesehefte, wie sie mittlerweile von verschiedenen Verlagen als vermittelnde Medien zwischen Fibeln und Kinderliteratur angeboten werden. Sie basieren zum Teil auf einem reduzierten Buchstabenbestand und ermöglichen damit auch schon zu einem relativ frühen Zeitpunkt das selbständige Lesen kleiner Geschichten. Wenn die Hefte mehrfach vorhanden sind, kann auf breiter Basis damit gearbeitet werden. Dieses Angebot an Zusatzmaterialien gewährleistet, dass die Kinder mit sinnvollen, angemessenen und motivierenden Aufgaben beschäftigt sind. Die Lehrerin oder der Lehrer ist weitgehend von der Materialbereitstellung befreit und findet Zeit zur Beobachtung, Beratung und Ermunterung der Kinder sowie zur Förderung einzelner Kinder mit Lernschwierigkeiten.

7. Selbstständigkeit des Kindes ermöglichen durch sorgsam strukturierte Lernhilfen
In den ersten Phasen des Lese- und Schreibunterrichts ist meiner Erfahrung nach ein sorgfältig strukturierter Lehrgang, der nach dem Prinzip der Isolierung der Schwierigkeiten aufgebaut ist,

am günstigsten für alle Kinder. Dies lässt sich mit und ohne Fibel realisieren. Auch wer ohne Fibel arbeitet, braucht für sich ein Konzept, das gewährleistet, dass alle Kinder systematisch zum alphabetischen Prinzip unserer Schrift hingeführt werden, dass alle Kinder alle Buchstaben und Laute lückenlos beherrschen und dass genügend Wiederholungs- und Übungsangebote gemacht werden. Ferner sollte darauf geachtet werden, dass Kinder mit vielfältigen Textsorten konfrontiert werden, zum Beispiel auch Gedichten, Liedern, literarischen Texten und anderen Erzeugnissen unserer Schriftkultur. Bei Kindern, die im ersten Schuljahr vorwiegend eigene Texte verschriften, besteht die Gefahr, dass sie kaum sprachliche Anregungen durch anspruchsvollere Texte erhalten.

Eine gut aufgebaute Fibel kann der Lehrerin oder dem Lehrer diese Arbeit erleichtern. Es gibt durchaus Fibeln, die es aufgrund von Zusatzmaterialien ermöglichen, dass von einem gemeinsamen Fundament aus zunehmend stärker differenzierend und offener gearbeitet werden kann.

Einige Anregungen für künftige Forschungen

Die empirischen Arbeiten der letzten Jahre haben einige der charakteristischen Schwierigkeiten identifiziert, die den Kindern beim Lesen- und Schreibenlernen Probleme bereiten. Trotzdem besteht nach wie vor erheblicher Forschungsbedarf, vor allem in Bezug auf folgende Aspekte:
– Zu wenig erforscht ist der Zusammenhang von Lese- und Rechtschreibstrategien. Vergleicht man die Abfolge der dominanten Strategien beim Lesen- und beim Schreibenlernen in den Stufenmodellen, so zeigen sich auffällige Parallelen. Tatsächlich ist jedoch noch nicht geklärt, ob sich diese Parallelität auch bei einzelnen Kindern nachweisen lässt. Fallstudien *(Scheerer-Neumann/Kretschmann/Brügelmann* 1986) zeigen, dass einige Kinder beim Schreiben die phonetische Strategie verwenden, jedoch anschließend nicht lesen können, was sie geschrieben haben. Andererseits gibt es Kinder, die Wörter buchstabenweise erlesen, jedoch noch nicht schreiben können, weil sie Wörter nicht in Laute zerlegen können. Bei älteren Legasthenikern ist ein Auseinanderklaffen zwischen relativ guten Lese- und schwachen Rechtschreibleistungen geradezu typisch.
– Das Stufenmodell scheint sich gut dazu zu eignen, typische Probleme legasthenischer Kinder zu beschreiben. Kinder mit Lese-Rechtschreibschwierigkeiten befinden sich häufig auf den unteren Ebenen dieses Stufenmodells. Die Frage, ob Legastheniker nur eine verzögerte „normale" Entwicklung durchlaufen oder ob sie schon in den frühen Stufen des Schriftspracherwerbs qualitativ andere Strategien als normal lernende Kinder erwerben, wie die Untersuchungen von *Klicpera/Klicpera-Gasteiger* (1993) es nahelegen, eröffnet eine fruchtbare Perspektive für eine präzisere Erforschung der Entstehung von Lese-Rechtschreibschwierigkeiten.
– Das Stufenmodell macht die dominanten Strategien der Kinder beim Schreiben und Lesen von Wörtern und Texten sichtbar. Diese Strategien entwickeln sich in der Interaktion von Lerngegenstand und wachsenden Einsichten des Kindes in die Funktion von Schriftsprache und den Zusammenhang von gesprochener und geschriebener Sprache. Wichtig erscheint mir die Entwicklung förderdiagnostischer Hilfsmittel, mit denen sich diese Einsichten des Kindes testen lassen. Einige Beobachtungsverfahren und Tests liegen bereits vor und sind

für die Anfangsphase erprobt, z.B. der oben beschriebene Segmentierungstest von *Ferreiro*, der LARR-Test von *Downing*, die Aufgaben zum Wortlängenvergleich von *Bosch* sowie das Schreiben von Kritzelbriefen (s. dazu ausführlich *Valtin* u.a. 1993). Auch *Brinkmann/Brügelmann* (1993) haben verschiedene Beobachtungsaufgaben vorgelegt. Mit Hilfe der klinischen Methode, wie *Piaget* die Technik seiner Gespräche mit Kindern genannt hat, lassen sich ebenfalls Modellvorstellungen der Kinder in Bezug auf den Lerngegenstand und die Lernstrategien aufzeigen, die für förderdiagnostische Vorgehensweisen unmittelbar relevant sind.

– Das größte Defizit sehe ich zur Zeit in der Erforschung von Unterrichtsprozessen, denn die Frage, welche Bedeutung der Unterricht für die Lese- und Rechtschreibentwicklung von Schülerinnen und Schülern hat, wird zwar schon seit langem gestellt, aber nur selten empirisch zu beantworten versucht. Vielversprechend erscheint eine Weiterführung der Beobachtungsstudie von *Klicpera/Klicpera-Gasteiger* (1993). Beim Vergleich von Klassen mit hohem und niedrigem Leistungsstand zeigt sich, dass die Lehrerinnen und Lehrer unterschiedlich lange Zeiten für Unterrichtsaktivitäten, die einen Bezug zum Lesen und Schreiben haben, verwendeten. In Klassen mit geringem Leistungsstand wurde weniger Zeit für das Schreiben verwendet, ein niedrigeres Leistungsniveau bei der Aufgabenstellung vorgegeben, und es kam häufiger zu Disziplinierungen durch den Lehrer. Nicht geklärt ist hierbei die Frage nach Ursache und Wirkung. Möglich wäre auch, dass diese Art Unterricht eine - wenngleich ungünstige – Reaktion der Lehrerin oder des Lehrers auf den niedrigen Leistungsstand der Klasse ist, da weniger Anforderungen an die Schüler gestellt und weniger Zeit für das Erlernen des Lesens und Schreibens vorgegeben wird.

– Ein weites Forschungsfeld eröffnet sich auch in bezug auf didaktische Vorgehensweisen. Besser erforscht werden sollte die Bedeutung des Stufenmodells als förderdiagnostisches Hilfsmittel in den ersten Schulmonaten und bei auftretenden Lernschwierigkeiten. Klaffen die Lernvoraussetzungen und der Unterrichtsstoff zu weit auseinander, können die Kinder von den Lernangeboten nicht mehr profitieren und bleiben immer weiter zurück. Bei der heute noch üblichen Form des Frontalunterrichts laufen langsam lernende Schülerinnen und Schüler Gefahr, hinterherzuhinken, weil sie aufgrund ihrer Lernvoraussetzungen das größere Wortschatzangebot und die immer schwieriger werdenden Wörter nicht mehr bewältigen können. Dadurch stellen sich beim Kind Misserfolgserlebnisse sowie Beeinträchtigungen des Selbstwertgefühls und der Gesamtpersönlichkeit ein.

Im pädagogischen Bereich sind in den letzten Jahren differenzierte Lehrgänge und Materialien entwickelt worden, die bislang aber noch nicht evaluiert worden sind. Nach wie vor fehlen auch empirische Untersuchungen zur Wirksamkeit von eher direktiven vs. offenen Unterrichtsmethoden. In der Didaktik zum Schriftspracherwerb finden sich gegenwärtig viele Fürsprecher für ein Vorgehen, das Kindern anregende Lernumwelten und -materialien bereitstellt, in der Erwartung, dass Kinder ihre eigenen individuellen Wege zur Schrift finden. Daneben finden sich Befürworter, die gerade in den ersten Phasen sorgfältig strukturierte Lernschritte nach dem Prinzip „Vom Leichten zum Schweren" empfehlen. Eine Evaluation dieser konträren Methoden steht noch aus. Erste Ergebnisse zeigen, dass die Methode „Lesen durch Schreiben" im Vergleich mit traditionellen Lehrgängen durchaus nicht so positiv abschneidet, wie ihre Anhänger vermuten *(Hüttis-Graf/Widmann* 1996, *May* 1994).

Vor allem von einer interdisziplinären Zusammenarbeit von Psychologen, Linguisten und Pädagogen – die sich leider häufig gegenseitig ignorieren – verspreche ich mir Fortschritte in bezug auf Diagnose, Fördermöglichkeiten und Unterrichtshilfen beim Schriftspracherwerb.

Literatur

Andresen, H.: Schriftspracherwerb und die Entstehung von Sprachbewusstheit, Opladen 1985

Brinkmann, E./Brügelmann, H.: Beobachtungshilfen für den Anfangsunterricht im Lesen und Schreiben, in: *Naegele, I./Valtin, R.* (Hrsg.): LRS in den Klassen 1–10. Handbuch der Lese-Rechtschreibschwierigkeiten, 3. Aufl. 1993, S. 47–52

Downing, J./Valtin, R. (Eds.): Language awareness and learning to read (p. 27–55). New York, Heidelberg, Berlin: Springer-Verlag 1984

Fatke, R./Schweitzer, F.: Wider die didaktische Verengung Piagets in der Pädagogik. Neue Sammlung 23, 1983, S. 102–123

Herff, I.: Die Gestaltung des Leselernprozesses als elementare Aufgabe der Grundschule, Diss., Universität Köln, 1993

Hüttis-Graf, P./Widmann, B.-A.: Elementare Schriftkultur. Abschlussbericht des BLK-Modellversuchs. Amt für Schule. Hamburg 1996

Jung, U.: Zur auditiven Diskrimination legasthener und normaler Schüler, Linguistik und Didaktik, 31, 1977

Klicpera, Ch./Klicpera-Gasteiger, B.: Lesen und Schreiben. Entwicklung und Schwierigkeiten, Bern 1993

May, P.: Rechtschreibfähigkeit und Unterricht, Hamburg 1994

Piaget, J.: Theorien und Methoden der modernen Erziehung, Wien 1972

Scheerer-Neumann, G.: Wortspezifisch: Ja – Wortbild: Nein. Ein letztes Lebewohl an die Wortbildtheorie. Teil 2, Lesen, in: *Balhorn, H./Brügelmann, H.* (Hrsg.): Welten der Schrift in der Erfahrung der Kinder, Konstanz 1987, S. 219–243

Scheerer-Neumann, G.: Ein offener Brief an Jürgen Reichen, in: LES-BAR (Mitteilungsblatt der Deutschen Gesellschaft für Lesen und Schreiben, 1, 1995, S. 13–15

Scheerer-Neumann, G./Kretschmann, R./Brügelmann, H.: Andrea, Ben und Jana: Selbstgewählte Wege zum Lesen und Schreiben. In: *Brügelmann,*

H.: ABC und Schriftsprache: Rätsel für Kinder, Lehrer und Forscher, Konstanz: Faude 1986, 55–96

Spitta, G.: Von der Druckschrift zur Schreibschrift, Frankfurt 1988

Valtin, R.: Erstunterricht mit Großbuchstaben, in: Grundschule, Heft 3, S. 44–46, Heft 6, S. 46–47, Heft 7–8, S. 80–81, 1990

Valtin, R.: Stufen des Lesen- und Schreibenlernens – Schriftspracherwerb als Entwicklungsprozess. In: *Haarmann, D.* (Hrsg.): Handbuch Grundschule, Bd. 2, S. 68–80, 1993a

Valtin, R.: Motivation, Rechtschreibstrategien und Regelverwendung von guten und schwachen Rechtschreibern, in: *Valtin, R./Naegele, I.* (Hrsg.): Schreiben ist wichtig! – Grundlagen und Beispiele für kommunikatives Schreiben(lernen). Frankfurt: Arbeitskreis Grundschule 1986, 3. Aufl. 1993b, S. 95–110

Valtin, R. u.a.: Kinder lernen schreiben und über Sprache nachzudenken – eine empirische Untersuchung zur Entwicklung schriftsprachlicher Fähigkeiten, in: *Valtin, R./Naegele, I.* (Hrsg.): „Schreiben ist wichtig!" – Grundlagen und Beispiele für kommunikatives Schreiben(lernen), Arbeitskreis Grundschule, Frankfurt 1986, 3. Aufl. 1993, S. 23–53

Iris Füssenich

Analphabetismus aus der Sicht der Sonderpädagogik

Um das Ausmaß an Schreibschwierig-
keiten zu zeigen möchte ich meinen
Beitrag mit den Schreibproben von zwei
Schreibanfängern beginnen:

(1) Markus, 2. Klasse Grundschule:

(Die Katze gähnt, sitzt im Rolladen.
Weiß und ein bißchen braun.)

Abb. 1

(2) Uli, 18 Jahre, nach Beendigung der
Schulpflicht:

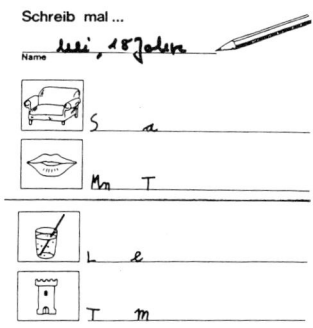

Abb. 2

1. Zur Entstehung von An-
alphabetismus

Immer noch werden die oben gezeigten
Schreibschwierigkeiten von Praktikern
und Theoretikern auf Teilleistungs-
störungen, Speicherschwächen oder
neurophysiologische Ausfälle zurückgeführt. Jedoch ist „in die Erforschung des
Schriftspracherwerbs (...) in den letzten
Jahren viel Bewegung gekommen. So
werden heute die Ursachen von Lernschwierigkeiten viel eher im Lernprozess selbst als bei den Lern- und Intelli-
genzleistungen der Kinder gesucht",
heißt es im Editorial zur Einladungsbro-
schüre des Symposiums Schriftspracherwerb (München, 13. 6. 1996).

Markus ist ein lese-rechtschreibschwacher Schüler, Uli zählt zu den Analphabeten. Falls sich Markus' Schreibfähig-
keiten nicht verbessern, wird er nach der
Schulentlassung ebenfalls zu den funktionalen Analphabeten gehören.

Die Entstehung von Analphabetismus in
Industrienationen lässt sich auf gesellschaftliche, familiäre, individuelle und
schulische Faktoren zurückführen (*Füssenich* 1993). Das Zusammenspiel dieser
Faktoren führt dazu, dass Kinder in den
Anfangsklassen Lernschwierigkeiten
haben, dem Unterricht zu folgen. Sie entwickeln in der Regel schnell Lernblocka-
den, die sich darin zeigen, dass sie im
Unterricht nicht aufpassen: Sie lassen
sich leicht ablenken, sitzen entweder

still herum oder stören permanent. Dieses Verhalten ist meist Ausdruck dafür, dass sie Schwierigkeiten mit den schulischen Inhalten haben, die sie hinter Disziplinproblemen und Nullbockverhalten verstecken. Sie spüren sehr schnell die Diskrepanz zwischen den schulischen Erwartungen und den eigenen Fähigkeiten.

Bei einem interdisziplinären Ansatz zur Prävention von Analphabetismus muss die Frage gestellt werden: Wie lässt sich eine bessere Passung (vgl. auch den Beitrag von *Valtin* in diesem Band) zwischen den schulischen Anforderungen und den Fähigkeiten sowie Schwierigkeiten der schwachen Schülerinnen und Schüler vornehmen?

2. Konsens über Schrifterwerb

Um diese Frage zu beantworten möchte ich kurz auf den Schrifterwerb aus der Sicht der Lernenden eingehen (vgl. auch die Beiträge von *Günther* und *Valtin* in diesem Band). Schriftsprache ist eine besondere sprachliche Funktion, die sich von der mündlichen Sprache unterscheidet. Ihr Erwerb stellt einen Teil der gesamten sprachlichen und kognitiven Entwicklung dar. Bei der Umsetzung der gesprochenen Sprache in Schrift müssen Lernende von bestimmten Charakteristika der mündlichen Sprache absehen und Unterschiede zwischen Laut- und Schriftstruktur reflektieren. Lernen ist in erster Linie eine Aktivität der Lernenden. Die Auseinandersetzung mit den Lernprozessen der Kinder beim Schriftspracherwerb führt dazu, mögliche Gemeinsamkeiten und Unterschiede bei einzelnen Kindern aufzuzeigen.

Genau wie die mündliche Sprache erwerben Kinder die Schrift in Stufen, bis sie die Erwachsenennorm beherrschen.

Entwicklungsmodelle bieten eine Möglichkeit, Schritte des Kindes beim Aneignungsprozess zu beobachten, das Können detaillierter zu erkennen und zu reflektieren und diese Erkenntnisse für die Förderung zu nutzen. Die Abfolge der Stufen ist nicht umkehrbar, aber sie erfordert ganz unterschiedlich viel Zeit bei unterschiedlichen Lernern. Es sind verschiedene Entwicklungsmodelle erstellt worden, die sich nur in Einzelheiten unterscheiden (vgl. auch den Beitrag von *Scheerer-Neumann* in diesem Band).

Nach dem Modell der Entwicklungsstufen wären also schwache Lese- und Schreibanfänger „zu einem falschen Zeitpunkt 'normal" (*Brügelmann* 1987, 113, zitiert nach *Dehn* 1991). Als Maßstab für Unterschiede zwischen den Kindern bliebe die unterschiedliche Lerngeschwindigkeit (vgl. *Dehn* 1991).

Aufgrund der Untersuchungen von vor allem *Dehn* 1988, 1991 lassen sich Lernschwierigkeiten von Kindern nicht nur dadurch erklären, dass diese Kinder in ihrer Schriftentwicklung verzögert sind, sondern auch dadurch, dass sie andere Lernstrategien entwickeln. So sind z.B. schwache Leseanfänger längst nicht so stringent beim Lösen einer Leseaufgabe wie andere Kinder, sie haben Schwierigkeiten Teilschritte zu finden und sie miteinander zu verbinden, und sie nehmen Hifestellungen kaum wahr.

3. Konsequenzen für die Arbeit mit lernschwachen Kindern

„Die Kinder erweitern und verändern ihre Zugriffsweisen beim Lesen und Schreiben und ihre Vorstellungen darüber, wie Schrift funktioniert. Dabei sind Fehler unausweichlich, vor allem wenn sich die Kinder an neuen Aufgaben erproben, die einen Transfer des bisher Angeeigneten erfordern. Aber die Qualität der Fehler ist sehr unterschiedlich. Fehler sind nicht bloß falsch, sondern sie geben Einblick in die geistige Arbeit bei der fortschreitenden Schriftaneignung" (*Dehn* 1987, 63). Deshalb muss unterschieden werden zwischen Fehlern, die als entwicklungsbedingte Notwendigkeit zu betrachten sind, und solchen, die gravierende Lernschwierigkeiten aufzeigen.

Für mich stellt sich die Frage: Erhalten lernschwache Kinder wirklich die Möglichkeit ihre Zugriffsweisen zu erweitern, zu erproben und Gelerntes zu übertragen? Wird nicht immer noch Wert darauf gelegt, dass Kinder – gerade Kinder mit Lernschwierigkeiten – hauptsächlich Gelerntes reproduzieren? Steckt nicht noch immer in den Köpfen vieler Lehrerinnen und Lehrer die Annahme, dass Rechtschreibung zumindest in den ersten Klassen unter Vermeidung von Fehlern durch (geübte) Diktate erworben wird?

Markus zeigte beim Schreiben schon im November der 2. Klasse bei der Durchführung der Lernbeobachtung von *Dehn* 1988 Lernschwierigkeiten (vgl. Abb. 3).

Doch beim Schreiben eines geübten Textes zwei Monate früher fielen seine Schwierigkeiten nicht auf (vgl. Abb. 4). Mit drei Fehlern lag er sicherlich im Klassendurchschnitt (*Schumann* demn.).

Im Bildungsplan für die Grundschule von Baden-Württemberg wird als Lernziel für die 1. Klasse ebenfalls die Wiedergabe von Geübtem verlangt. „Am Ende der Klasse 1 sollten einfache, kurze, geübte Texte gelesen werden können" (S. 66). Es wird nicht überprüft, ob die Kinder Lesestrategien entwickelt haben,

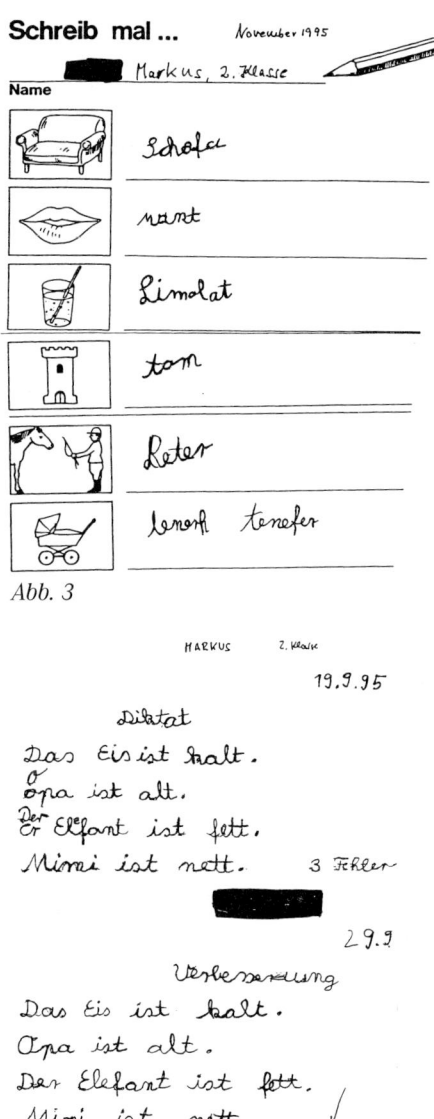

Abb. 3

Abb. 4

die sie auf fremde Texte anwenden können. Ein Teil der Kinder mit Leseschwierigkeiten wird die Ziele des Lehrplans erfüllen, ohne dass ihre Probleme sichtbar wurden. Wir wissen heute, dass Kinder mit Leseschwierigkeiten schon sehr früh ihre Defizite durch andere Strategien kompensieren, indem sie z.B. Texte auswendig lernen. Andere haben das Prinzip der Synthese verstanden, können aber keine Sinnentnahme leisten.

Markus hatte auch keine Schwierigkeiten in der 1. Klasse, einfache, geübte Fibeltexte zu lesen. Seine Leseschwierigkeiten wurden erst ersichtlich, als er fremde Wörter oder fremde Texte lesen musste. Wie gravierend seine Probleme sind, belegen folgende Leseproben von März der 2. Klasse, die zeigen, dass er nicht sinnentnehmend lesen kann:

Mut/Mute	statt	Mund
rot	statt	Tor
laten	statt	langen
Fil	statt	Fell

Ich laufe schnell und schlekt Agen. statt *... schlage Haken.*
Ich habe einen Bedel. statt *... Beutel.*

Die Entwicklungsmodelle zum Schriftspracherwerb sind aufgrund von Daten normalentwickelter Kinder erstellt worden und sie sind für die Beschreibung der Erwerbsstufen für Kinder mit Lernschwierigkeiten zu grob. Am Beispiel der **Sprachentwicklungsstufen** nach *Spitta* 1988 möchte ich dies **am Übergang von der 4. zur 5. Phase** zeigen.

1. Phase:
Vorkommunikatives Schreiben
(von ca. 2 Jahren an)

2. Phase:
Vorphonetisches Schreiben
(von ca. 3–4 Jahren an)

3. Phase
Halbphonetisches Schreiben
(von ca. 4/5/6 Jahren an)

4. Phase
Phonetische Phase
(von ca. 5/6/7 Jahren an)

5. Phase
Phonetische Umschrift, bei der in zunehmendem Maße typische Rechtschreibmuster integriert werden.
(von ca. 6/7 Jahren an bzw. ab 1./2. Klasse)

6. Phase
Übergang zur entwickelten Rechtschreibfähigkeit
(von ca. 8/9 Jahren an bzw. 2./3. Klasse)

Bei Kindern mit Schwierigkeiten ist es erforderlich, die phonetischen Schreibungen genauer zu betrachten und die Fehler herauszufinden, die sie daran hindern Rechtschreibmuster zu erkennen und zu integrieren. Folgende **Probleme beim lautgetreuen Schreiben** treten häufig auf und werden über Jahre beibehalten:

Keine Phonem-Graphem-Zuordnung erkennbar
GT chitrum (Kinderwagen), uta (Sofa)

Reduzierung von Mehrfachkonsonanz
Tompete (Trompete), Taktor (Traktor)

Vertauschung der Reihenfolge von Graphemen
Oam (Oma), Bort (Brot)

Verwechslung von stimmhaften und stimmlosen Konsonanten
Oba (Opa), Disch (Tisch)

Verwechslung anderer Grapheme
<ch/r> art (acht), <s/sch> Fis (Fisch), <o/u> Mot, (Mund)

Falsche Anfangsgrapheme
Schofa (Sofa), bofa (Sofa)

Auslassung von Graphemen
Mot (Mund), Kire (Kirche)

Probleme mit der Länge der Wörter
Mamalte (Marmelade), Krokdil (Krokodil), late (Limonade)

Probleme bei der Wiederholung von (ähnlichen) Silben
Anas (Ananas), Pagei (Papagei)

Assimilationen
Kurke (Gurke), Kaktor (Traktor)

Hinzufügung von Graphemen
sist (ist), Hurt (Hut)

Bei Markus zeigen sich ebenfalls Schwierigkeiten mit der phonetischen Strategie. **Beispiele aus der Lernbeobachtung** (vgl. Abb. 3) sind:

Keine Phonem-Graphem-Zuordnung
benerk tenefer (Kinderwagen)

Verwechslung von Graphemen
<u/o> tom (Turm), <s/sch> in Schafa (Sofa)

Probleme mit der Länge von Wörtern
Limolat (Limonade)

Die **Analyse weiterer Schreibproben** ergibt:

Vertauschung der Reihenfolge von Graphemen
aht (hat)

Verwechslung von stimmhaften und stimmlosen Konsonanten
kent (gähnt)

Geringe Phonem-Graphem-Korrespondenz
weiles (welches)

Hinzufügung von Graphemen
sist (ist)

Auslassung von Graphemen
anen (einen), at (hat)

Probleme bei der Wiederholung von (ähnlichen) Silben
Papkl (Papagei)

Treten derartig gravierende Probleme beim Schreiben und Lesen auf, hat es keinen Sinn, einzelne Texte oder Diktate sehr oft zu üben, bis sie auswendig gelesen oder geschrieben werden können. Statt dessen ist es sinnvoll herauszufinden, welche weiteren Probleme beim Erkennen der Beziehung zwischen der gesprochenen und geschriebenen Sprache vorhanden sind.

Bei Markus stellte sich heraus, dass er große Schwierigkeiten mit der Durchgliederung der gesprochenen Sprache hatte. Dies zeigte sich u.a. darin, dass er am Ende des ersten Halbjahres der zweiten Klasse immer noch Probleme mit der Silbengliederung hatte. So konnte er z.B. vorgegebene Wörter, die er als Silbensalat erhielt, nicht in eine Reihenfolge bringen, obwohl durch die entsprechenden Bilder deutlich war, welche Wörter gemeint waren. Er legte:

Te – fon – le   (Telefon)
Son – blu – me – nen   (Sonnenblume)
Re – ke – wol –gen   (Regenwolke)

4. Konsequenzen für die Prävention von Analphabetismus

Auch wenn man die Schreibfähigkeit von Uli (vgl. Abb. 2) als zu gering nach Beendigung der Schulpflicht erachtet, so ist dies doch ein Lerngewinn, den er nach einigen Stunden Förderung in einem Förderlehrgang zur Erlangung der

Berufsreife erzielte. Zu Beginn dieses Lehrgangs benannte Uli nach Aussage des dort unterrichtenden Lehrers alle Grapheme mit /u/. Er konnte seinen Vornamen schreiben, aber weder Nachname noch Adresse. Er fiel positiv durch seine handwerklichen Fähigkeiten auf und zeigte großes Interesse an der praktischen Arbeit.

Ulis Lebensgeschichte (*Burk* 1995) weist die typischen Verursachungsfaktoren von Analphabetismus auf und ist Ausdruck einer gescheiterten, negativ belasteten Lernkarriere.

Weder in den Schulberichten noch in den Entwicklungsberichten der Wohngruppen, in denen Uli lebte, werden besondere Fördermaßnahmen erwähnt oder dringend empfohlen, obwohl bereits in den Zeugnissen der ersten Klassen auf die Lese- und Schreibschwierigkeiten hingewiesen wurde. In einem Gespräch, das *Andrea Burk*, die Uli zusätzlich zum Unterricht des Lehrers in dem Förderlehrgang betreute, mit dem Klassenlehrer der Abschlussklasse führte, äußerte dieser die Ansicht, Ulis Probleme seien organisch und er hätte in den letzten Jahren auch nicht viel machen können. Uli habe einfach keine Lust gehabt. Erstaunlich ist allerdings, was im Zeugnis der Abschlussklasse steht. „Nur mit Mühe und großer Konzentration gelingt es ihm (Uli), einzelne Wörter zu lesen, die er dann auch schriftlich wiedergeben kann" (*Burk* 1995). Dass Uli nur wenige Wochen später alle Grapheme mit /u/ benennt und kein einziges Wort schreiben kann, belegt meines Erachtens, dass Zeugnisse auch zum Selbstschutz der Lehrerinnen und Lehrer beschönigt werden.

Dass auch Uli mehr lernen konnte, zeigt seine Schreibleistung nach einigen Mo-

naten der Förderung (*Burk* 1995) (vgl. Abb. 5).

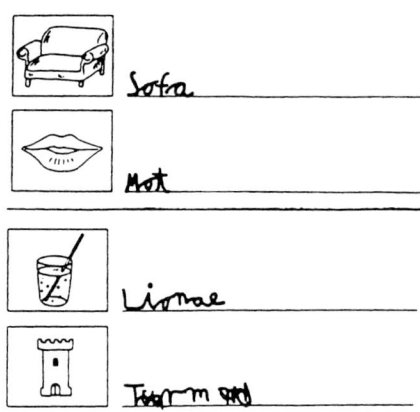

Abb. 5

Wie kommt es, dass Kinder, Jugendliche und Erwachsene, die jahrelang beim Schriftspracherwerb stagnieren – so wie Uli –, dann doch noch die Schrift entdecken? Haben die Erfolge nicht auch etwas damit zu tun, dass diese Menschen dann von Lehrerinnen und Lehrern unterrichtet werden, die die Schwierigkeiten der Lernenden nicht nur auf deren individuelle Probleme zurückführen? Und haben die Erfolge nicht auch etwas damit zu tun, dass die Lehrerinnen und Lehrer sich nicht damit abgefunden haben, dass eine Unterstützung von den Eltern nicht zu erwarten ist? Sie scheinen sich aber nicht damit abgefunden zu haben, dass es innerhalb der vorgegebenen institutionellen Möglichkeiten keinen Zugang zu den Lernschwierigkeiten dieser Schreibanfänger gibt (*Crämer/Füssenich/Schumann* 1996, *Hörschgens-Füssenich* 1995).

Mit meinen Ausführungen möchte ich zeigen, dass Analphabetismus in der Regel in den ersten Schuljahren entsteht. Für die Prävention von Analphabetismus

80

ist auf jeden Fall eine gute Ausbildung der Lehrerinnen und Lehrer – vor allem in der Grundschule – notwendig. Diese muss auf jeden Fall folgende Themen beinhalten:

- Basiswissen über Schrifterwerb
- Diagnose von typischen Lernschwierigkeiten
- Fördermöglichkeiten bei Lernschwierigkeiten
- Erkennen des Zusammenhangs zwischen Lernschwierigkeiten, Verhaltensproblemen und Vermeidungsverhalten.

Verbunden mit einer Reflexion der praktischen Arbeit lässt sich dann hoffentlich leichter eine bessere Passung zwischen den schulischen Anforderungen und den Fähigkeiten sowie Schwierigkeiten der schwächeren Schülerinnen und Schüler vornehmen.

Literatur

Bildungsplan für die Grundschule. In: Kultus und Unterricht. Amtsblatt des Ministeriums für Kultus und Sport Baden-Württemberg, Lehrplanheft 1/1994

Burk, A.: Die Bewusstwerdung der Phonem-Graphem-Beziehungen am Beispiel eines 18jährigen Jugendlichen, unveröffentl. Hausarbeit, Reutlingen 1995

Crämer, C./ Füssenich, I./ Schumann, G.: Lese- und Schreibschwierigkeiten im Zusammenhang mit Problemen der gesprochenen Sprache. In: Die Sprachheilarbeit, Heft 1, 1996, 5–22

Dehn, M.: Lernprozessbeoachtung bei Lese- und Schreibanfängern. In: Deutsche Gesellschaft für Sprachheilpädagogik (dgs) – Landesgruppe Rheinland (Hrsg.): Spracherwerb und Spracherwerbsstörungen, Wartenberg und Söhne GmbH, Hamburg 1987, 62–84

Dehn, M.: Zeit für Schrift. Lesenlernen und Schreibenkönnen, Kamp Verlag, Bochum 1988

Dehn, M.: Die Zugriffsweisen „fortgeschrittener" und „langsamer" Lese- und Schreibanfänger: Kritik am Konzept der Entwicklungsstufen. In: *B. Sandhaas/P. Schneck* (Hrsg.): Lesenlernen – Schreibenkönnen. Beiträge zu einer interdisziplinären Wissenschaftstagung aus Anlass des Internationalen Alphabetisierungsjahres. Österreichische UNESCO-Kommission Wien und Deutsche UNESCO-Kommission Bonn 1991, 97–108

Füssenich, I.: Wie wird man AnalphabetIn? In: *W. Stark/ T. Fitzner/ C. Schubert* (Hrsg.): Berufliche Bildung und Analphabetismus. Ernst Klett Verlag für Wissen und Bildung, Stuttgart 1993, 59–67

Hörschgens-Füssenich, W.: Elementarbildung in Förderlehrgängen für SchülerInnen ohne Hauptschulabschluss. In: *H. Brügelmann/ H. Balhorn/ I. Füssenich* (Hrsg.): Am Rande der Schrift. Zwischen Sprachenvielfalt und Analphabetismus, Libelle Verlag, Lengwil 1996, 242–249

Schumann, G.: Erwerb schriftsprachlicher Fähigkeiten auf dem Hintergrund von individuellen Voraussetzungen und schulischer Wirklichkeit (Arbeitstitel), demn.

Spitta, G.: Geben wir Kindern Zeit, damit sie aus ihren Fehlern lernen können! In: Die Grundschulzeitschrift, Heft 2, 1988, 6–11

Norbert Mai / Christian Marquardt

Registrierung und Analyse von Schreibbewegungen: Fragen an den Schreibunterricht

Unsere Erfahrung mit Schreibbewegungen stammt nicht aus dem Schulunterricht, sondern aus der Behandlung von neurologischen Patienten, die als Erwachsene über Probleme mit der Handschrift klagen. Ein Teil dieser Schreibprobleme kann auf Störungen der Sprachverarbeitung zurückgeführt werden, die sich in typischen Rechtschreibfehlern oder sogar in der Veränderung elementarer Buchstabenformen äußern. Von solchen aphasisch bedingten Störungen (Dysgraphie, Agraphie) können motorische Schreibstörungen, die in erster Linie die Ausführung der Schreibbewegung betreffen, abgegrenzt werden. Überraschend viele neurologische Patienten geben an, ihre Handschrift sei nicht mehr so flüssig wie früher und schlecht lesbar. Manche Patienten sind nicht einmal mehr in der Lage, kurze Notizen festzuhalten oder die gewohnte Unterschrift zu leisten. Motorische Schreibstörungen sind eine typische Folge, wenn senso-motorische Areale oder ihre Verbindungen geschädigt werden. Solche Schädigungen werden bei vielen Erkrankungen des zentralen Nervensystems (z.B. bei Morbus Parkinson, multipler Sklerose oder degenerativen Kleinhirnerkrankungen) sowie nach Schlaganfall oder Schädel-Hirn-Trauma beobachtet.

Die Analyse motorischer Schreibstörungen war lange Zeit auf die Inspektion von Schriftproben oder die Beobachtung der Patienten beim Schreiben beschränkt. Wie wir heute wissen, sind beide Methoden unzureichend für die Diagnostik motorischer Schreibprobleme. Als Konsequenz existierten auch für die Behandlung motorischer Schreibstörungen keine erprobten Konzepte und die wenigen Vorschläge zur „Übungsbehandlung" orientierten sich an dem Vorgehen im Erstschreibunterricht. Aber gerade diese Methoden haben sich als denkbar ungeeignet erwiesen, die Schreibleistung bei Patienten zu verbessern. Diese Ansicht können wir inzwischen empirisch belegen, seit die Entwicklung der Computertechnologie es möglich gemacht hat, Schreibbewegungen mit der Hilfe von graphischen Tabletts direkt zu registrieren und anschließend relevante Aspekte der Bewegung (z.B. Geschwindigkeit und Beschleunigung) zu analysieren.

Die Registrierung und Analyse der Schreibbewegung hat bei Patienten mit zerebral bedingten motorischen Schreibstörungen zu völlig unerwarteten Entdeckungen geführt. Manche Patienten mit gravierenden Schreibstörungen nach einem Schädel-Hirn-Trauma oder einem Schlaganfall waren in der Lage, völlig ungestörte, flüssige (automatisierte) Bewegungen auszuführen, wenn die Untersuchungsbedingungen oft nur geringfügig geändert wurden. Die Patienten wurden beispielsweise aufgefordert, zu kritzeln statt zu schreiben. Wenn beim Kritzeln perfekt automatisierte Bewegungen ausgeführt werden, bleibt nur

83

der Schluss, dass die zuvor beobachtete Schreibstörung nicht einfach auf eine organisch bedingte Beeinträchtigung der motorischen Steuerung zurückgeführt werden kann. Wäre die Schreibstörung eine direkte Konsequenz z.B. der Durchtrennung wichtiger Nervenbahnen oder der Zerstörung motorischer Areale, dann könnte man nicht erwarten, dass schreibähnliche Kritzeleien ohne jede Störung ausgeführt werden können. Unsere Hypothese ist, dass die beobachteten Schreibstörungen in diesen Fällen die Konsequenz sekundärer Kompensationsmechanismen sind. Das Gehirn versucht mit möglicherweise ungeeigneten Strategien einen Störgrund zu kompensieren und vergrößert damit das resultierende Handikap.

Wir haben nach dieser anfänglichen Entdeckung damit begonnen, bei Patienten nicht nur die gestörten Funktionen zu dokumentieren, sondern systematisch nach erhaltenen Leistungen zu fahnden. Können bei einem Patienten erhaltene Leistungen identifiziert werden, hat dies unmittelbare Konsequenzen für die Therapie. Ein naheliegender Ansatz ist der Versuch, schrittweise die Bedingungen auszuweiten, unter denen ungestörte Schreibbewegungen möglich sind. Aus den Erfahrungen mit dem von uns entwickelten Schreibtraining (*Mai/Marquardt*, 1995a) können wir inzwischen zahlreiche Faktoren benennen, die flüssige Schreibbewegungen fördern oder auch behindern. Dies hat uns schließlich zu der Frage geführt, ob nicht ähnliche Faktoren im Erstschreibunterricht berücksichtigt werden müssten.

Registrierung der Schreibbewegungen

Zur detaillierten Beurteilung des eigentlichen Bewegungsablaufs beim Schreiben ist zunächst eine möglichst genaue Registrierung der Schriftspur notwendig. Kommerziell erhältliche graphische Tabletts ermöglichen eine Registrierung der Schreibbewegungen mit sehr geringem technologischem Aufwand. Die Schreibsituation unterscheidet sich dabei kaum von den gewohnten Bedingungen. Geschrieben wird mit einem speziellen kugelschreiberähnlichen und neuerdings kabellosen Stift auf einem Blatt Papier, das auf dem Tablett aufliegt. Während des Schreibens kann der Schreiber die erzeugte Schriftspur ganz normal verfolgen. Die Position der Schreibspitze wird dabei mit einer räumlichen Auflösung von 0.05 mm und einer zeitlichen Auflösung von 200 Datenpunkten pro Sekunde registriert, über eine serielle Leitung an einen herkömmlichen Personal Computer (PC) übermittelt und zusammen mit einer entsprechenden Zeitachse abgespeichert.

Durch die induktive Art der Datenregistrierung wird die Position auch dann ermittelt, wenn sich der Stift in einem Bereich von ca. 1 cm über der Schreibfläche befindet. Zusätzlich wird der durch den Schreibstift auf die Unterlage ausgeübte Druck durch einen im Stift befindlichen Druckaufnehmer fortlaufend gemessen.

Aus den gespeicherten Positionsdaten werden zu einem späteren Zeitpunkt durch zeitliches Ableiten kinematische Aspekte der Schreibbewegung wie Geschwindigkeit und Beschleunigung berechnet. Obwohl die graphischen Tabletts eine sehr genaue Registrierung ermöglichen, führen selbst sehr kleine Fehler in den Positionsdaten zu gravierenden Fehlern bei Berechnung der Ableitungen. Von uns wurde deshalb ein neues Filterverfahren speziell für die kinematische Analyse von Schreibbewegungen entwickelt, das auf der nichtparametrischen Methode der Glättung und Ableitung der Daten mit sogenannten Kernschätzern beruht. Diese Filtermethode wurde in einer Datensimulation speziell an die Datencharakteristik von fehlerbehafteten Schreibdaten angepasst um das Filterverhalten zu optimieren (*Marquardt/Mai*, 1994).

Für dieses Verfahren wurde nachgewiesen, dass die Fehler in den Ableitungen auf einen unkritischen Restfehler reduziert und damit vernachlässigt werden können.

Das von uns entwickelte Programmsystem „CS – Computerunterstützte Analyse von Schreibbewegungen" (Mai/Marquardt, 1992) ermöglicht – vergleichbar mit einem Mikroskop – detaillierte Einblicke in die Struktur der Schreibbewegung. Es kann z.B. genau beschrieben werden, wie lange ein Schreiber den Stift bei einem einzelnen Aufstrich beschleunigt, wann die Bremsphase beginnt oder wann die maximale Geschwindigkeit erreicht wird.

Kinematische Analyse von Schreibbewegungen

Die Vielfalt individueller Handschriften lässt die Suche nach gemeinsamen Eigenschaften zunächst wenig aussichtsreich erscheinen. Die Größe der Schrift, ihre Lage, das Schreibtempo oder die Form der Buchstaben und die Lesbarkeit können nicht nur bei verschiedenen Schreibern, sondern auch bei demselben Schreiber in verschiedenen Situationen extrem unterschiedlich ausfallen.

Trotz dieser Vielfalt zeigt die kinematische Charakteristik der Schreibbewegungen verschiedener routinierter Schreiber eine überraschende Gleichförmigkeit. Diese Charakteristik hat große

Ähnlichkeit mit der Bewegung eines Pendels, die als ein Beispiel für eine besonders effektive Bewegung gelten kann (*Mai/Marquardt*, 1995b). Eine solche ballistische Bewegung wird charakterisiert durch einen freien Schwung der Massen unter einem relativ geringen und konstanten Einfluss der Dämpfung. Nach dem Loslassen eines Pendels steigt die Geschwindigkeit kontinuierlich bis zu einem Maximalwert an, der typischerweise genau nach der Hälfte der Zeit und nach der Hälfte des Pendelausschlags erreicht wird. Danach erfolgt eine ebenfalls kontinuierliche Geschwindigkeitsabnahme bis zum „Stillstand" des Pendels am gegenüberliegenden Punkt. Die anfängliche Beschleunigungsphase des Pendels ist dabei symmetrisch zu der nach dem Geschwindigkeitsmaximum stattfindenden Bremsphase. Eine ballistische Bewegung ist damit durch einen maximalen Nutzen bei minimalem Aufwand charakterisiert.

Überträgt man dieses Prinzip auf die Motorik, würde eine „gute" Bewegung z.B. eine flüssige Ausführung unter Minimierung des Krafteinsatzes oder der benötigten Zeit bedeuten. Die hochüberlernte Motorik z.B. beim Greifen scheint tatsächlich diesen Prinzipien von ballistischen Bewegungen zu gehorchen. Bei einer solchen Bewegung lässt sich ein glattes symmetrisches Geschwindigkeitsprofil mit genau einem Maximum in der Mitte der Bewegung finden. Das zugehörige glatte und symmetrische Beschleunigungsprofil besitzt genau ein Maximum vor und ein Minimum nach dem Geschwindigkeitsmaximum (*Flash* und *Hogan*, 1985; *Plamondon*, 1995). Eine solche Bewegungsausführung wird auch durch die Begriffe „glockenförmiger Geschwindigkeitsverlauf" oder „eingipfliges Geschwindigkeitsprofil" beschrieben.

Automation von Schreibbewegungen

Die Analyse von Schreibbewegungen kann wesentlich vereinfacht werden, wenn nur die Hauptbewegungsrichtung (also die Auf- und Abbewegung) betrachtet wird. Diese Vorgehensweise entspricht dem von *Hollerbach* (1981) vorgeschlagenen Modell von Handschriftgenerierung, das näherungsweise von drei voneinander unabhängig funktionierenden Oszillatoren ausgeht: Zwei dieser Oszillatoren sind für die eigentliche Schrifterzeugung durch Auf- und Abbewegung und gleichzeitiger Vor- und Zurückbewegung des Stifts zuständig, während ein dritter Oszillator den Schreibdruck regelt. Betrachtet man dabei als kleinste Analyseeinheit der Schreibbewegungen einen einzelnen Auf- oder Abstrich, hat die zugehörige Geschwindigkeitskurve bei routinierten Schreibern wiederum die gleiche charakteristische Form. Die Geschwindigkeitskurve ist glatt, annähernd symmetrisch und hat nur ein einziges Maximum. Die zugehörige Beschleunigungskurve ist ebenfalls glatt und weist genau eine Beschleunigungsphase vor und eine Bremsphase nach dem Geschwindigkeitsmaximum auf.

Routiniertes Schreiben kann als eine rasche Abfolge von Auf- und Abstrichen charakterisiert werden, wobei jeder Strich durch ein eingipfliges Geschwindigkeitsprofil gekennzeichnet ist. In Abbildung 1 wird die Schreibbewegung eines routinierten Schreibers am Beispiel der geschriebenen Buchstaben „ll" dargestellt. Durch zwei Markierungen ist hier der Aufstrich in der y-Projektion (Abb. 1A) im zweiten „l" gekennzeichnet. Das zu diesem Aufstrich zugehörige Geschwindigkeitsprofil vy (Abb. 1B) zeigt einen glatten, eingipfligen und fast sym-

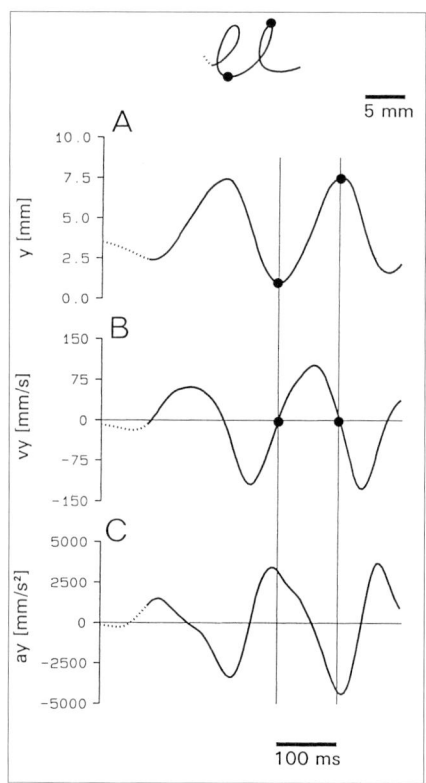

Abb. 1: Typische Charakteristik automatisierter Schreibbewegungen eines routinierten Schreibers. (A) Buchstabenkombination „ll" mit Zeitverlauf der y-Komponente, (B) zugehöriger Geschwindigkeits- und (C) Beschleunigungsverlauf. Durchgezogene Linien zeigen immer die Schreibbewegungen auf dem Papier und gepunktete Linien die in der Luft. Markiert ist der Aufstrich im zweiten „l" mit dem charakteristischen glatten und eingipfligen Geschwindigkeitsverlauf.

metrischen Verlauf, und im glatten Beschleunigungsprofil ay ist eine ausgeprägte Beschleunigungs- und Bremsphase deutlich zu erkennen (Abb. 1C). Zur Beschreibung des Automationsgrades einer Bewegung wird die Anzahl der Richtungsinversionen in der Geschwindigkeit pro Auf- und Abstrich gezählt (Number of Inversions in Velocity, NIV). Für automatisierte Bewegungen ergibt sich typischerweise ein Wert von NIV=1.

Betrachtet man die Geschwindigkeits- und die Beschleunigungsprofile wiederholt geschriebener Buchstaben oder Buchstabengruppen, so fällt weiterhin die erstaunlich hohe Wiederholgenauigkeit in der Bewegungsausführung auf. In Abbildung 2 sind drei nacheinander geschriebene „ll" eines routinierten Schreibers dargestellt. Die Profile sind auf den Zeitpunkt des ersten negativen Geschwindigkeitspeaks hin zentriert und

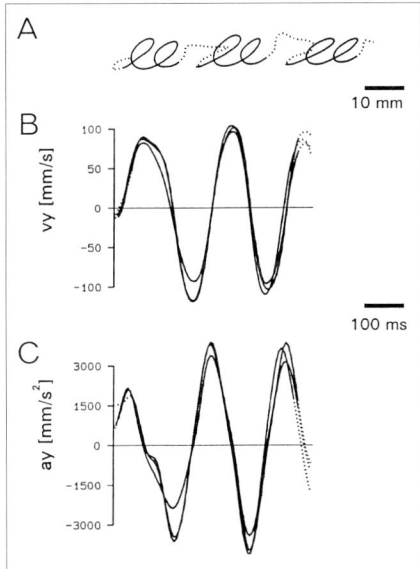

Abb. 2: Wiederholgenauigkeit bei nacheinander geschriebenen Buchstaben „ll" (A). Die Geschwindigkeits- (B) und Beschleunigungskurven (C) sind für 3 Durchgänge übereinander gezeichnet. Die charakteristische Ausführung der automatisierten Schreibbewegung bleibt über die drei Durchgänge erhalten.

übereinander gezeichnet. Anhand der übereinander gezeichneten Geschwindigkeits- (Abb. 2B) und Beschleunigungsprofile (Abb. 2C) ist deutlich zu erkennen, dass die charakteristische Ausführung der Schreibbewegung über die drei Durchläufe erhalten bleibt. Dies gilt sowohl für die Form der Profile, die Höhe der Maxima als auch für die zeitliche Struktur.

Die beobachtete Ähnlichkeit der Geschwindigkeits- und Beschleunigungskurven bei wiederholten Bewegungen legt die Vermutung nahe, dass dabei immer dasselbe (hoch überlernte) „Bewegungsprogramm" ausgeführt wird. Solche Bewegungen werden im folgenden als „automatisiert" bezeichnet. Die kinematischen Charakteristika automatisierter Bewegungen bestehen in glatten und eingipfligen Geschwindigkeitsprofilen, in glatten Beschleunigungsprofilen mit genau einer Beschleunigungsphase und einer Bremsphase und in einer extrem hohen Wiederholgenauigkeit der Bewegungen. Alle Bewegungen, bei denen die Geschwindigkeitsprofile mehrere Richtungswechsel aufweisen, nennen wir im folgenden „nicht-automatisiert". Nichtautomatisierte Bewegungen können durch eine Störung des Bewegungsablaufs beispielsweise bei einer Lähmung auftreten, aber auch bei einer bewussten Kontrolle der Bewegung.

Auswirkung von Instruktionen

Abbildung 3 demonstriert den kinematischen Unterschied zwischen automatisierten und kontrollierten Bewegungen. Zunächst sollte der Buchstabe „a" von einem routinierten Schreiber mehrmals in seinem gewohnten Schreibtempo geschrieben werden. Unmittelbar anschließend sollte die gerade erzeugte Schrift-

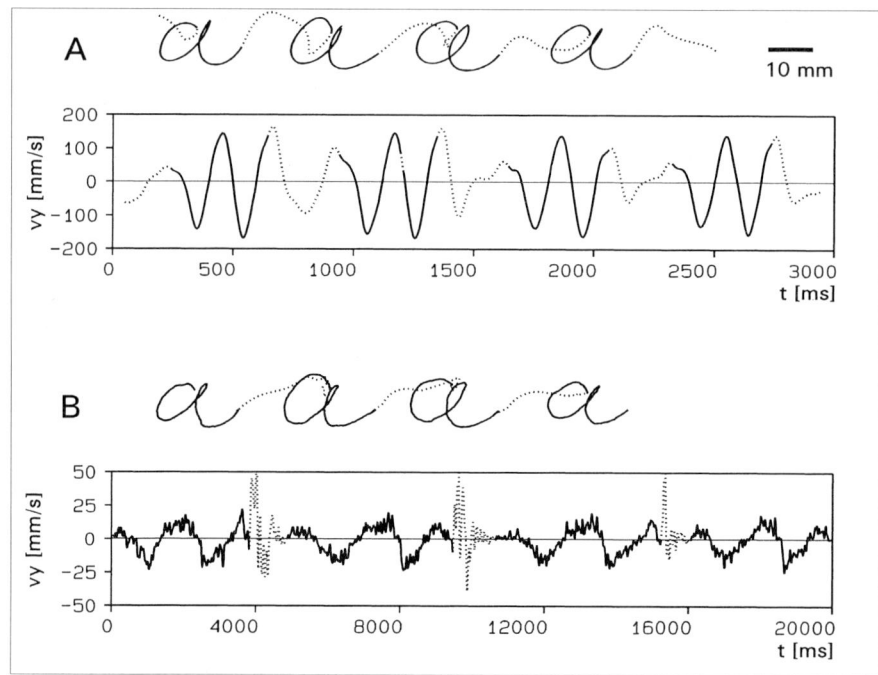

Abb. 3: Unterschied zwischen (A) automatisierten und (B) kontrollierten Schreibbewegungen. Bei den kontrollierten Bewegungen sollten die zuvor normal geschriebenen Buchstaben nachgezogen werden. Anstelle des glatten Geschwindigkeitsverlaufs in (A) ist das Nachzeichnen durch zahlreiche, unregelmäßige Richtungswechsel der Geschwindigkeitskurve gekennzeichnet. (Zu beachten ist die unterschiedliche Skalierung in (A) und (B).)

spur von demselben Schreiber nachgezogen werden. Wie zu erwarten waren unter normalen Schreibbedingungen die einzelnen Auf- und Abstriche mit glatten, eingipfligen Geschwindigkeitsprofilen verknüpft (Abb. 3A). Beim Nachzeichnen waren dagegen die Geschwindigkeitskurven durch zahlreiche, unregelmäßige Richtungswechsel gekennzeichnet, die durch einen ständigen Wechsel zwischen Abbremsen und Beschleunigen bedingt sind (Abb 3B). Automatisierte Bewegungen werden vermutlich bereits vor ihrer eigentlichen Ausführung vollständig geplant bzw. programmiert und unterliegen wegen ihrer hohen Geschwindigkeit während der

Ausführung nicht mehr der willkürlichen Kontrolle. Im Unterschied dazu verlangt ein genaues Nachzeichnen einen ständigen visuellen Abgleich zwischen Soll- und Istwert, wofür etwa die zehnfache Zeit im Vergleich zum normalen (automatisierten) Schreiben benötigt wurde. Die Aufforderung, einen Buchstaben nachzuzeichnen, führt offenbar zu einem sofortigen Wechsel von automatisierten zu kontrollierten Bewegungen.

Fordert man routinierte Schreiber auf, ein Wort mit geschlossenen Augen zu schreiben, zeigen die Geschwindigkeitskurven alle Charakteristika von automatisiertem Schreiben und erstaunlich wenig Änderungen im Vergleich zum gewohnten Schreiben mit offenen Augen (Abb. 4A). Dies spricht dafür, dass automatisierte Schreibbewegungen auch unabhängig von der visuellen Rückmeldung ausgeführt werden können. Trotz dieser offensichtlichen Robustheit automatisierter Bewegungen reicht jedoch schon die Ausrichtung der Aufmerksamkeit auf ein Detail der Bewegung aus, um die automatisierte Ausführung empfindlich zu stören. Bittet man beispielsweise einen Schreiber, darauf zu achten, dass er die Stiftspitze beim Schreiben scharf sieht, steigt die zum Schreiben benötigte Zeit stark an und die Geschwindigkeitskurven sind deutlich verändert. Zahlreiche und unregelmäßige Richtungswechsel innerhalb einzelner Auf- und Abstriche zeigen an, dass die Schreibbewegungen unter dieser Instruktion nicht mehr automatisiert ausgeführt werden (Abb. 4B). Eine mögliche Erklärung ist, dass die Augen einen bewegten Reiz nur bis zu einer Geschwindigkeit von ca. 1.5 Hz verfolgen können (*Leist et al.*, 1987). Die typische Geschwindigkeit bei routinierten Schreibbewegungen liegt aber bei 4–6 Hz. Die Aufforderung, die Stiftspitze genau zu verfolgen, kann nur erfüllt werden, wenn die Geschwindigkeit der Bewegungen entsprechend verlangsamt wird. Einen sehr ähnlichen Effekt hat die Instruktion, die Schreibbewegung „mental" zu verfolgen. Dabei wurden routinierte Schreiber aufgefordert, mit ge-

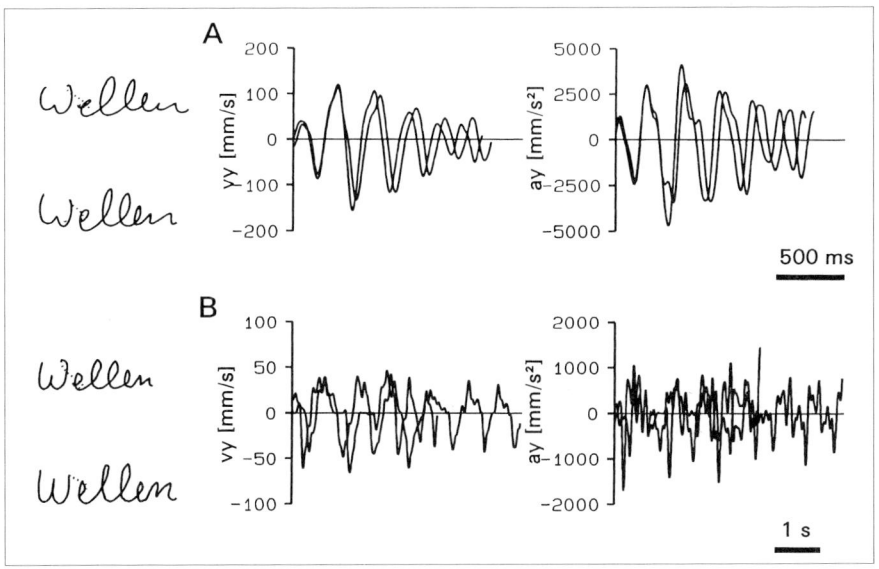

Abb. 4: Geschwindingkeits- und Beschleunigungskurven für die Buchstabenfolge „ellen" aus dem Wort „Wellen", das von einem routinierten Schreiber unter 4 Bedingungen geschrieben wurde. (A) Übereinander gezeichnete Geschwindigkeitskurven für normales Schreiben und Schreiben mit geschlossenen Augen. Die Gleichförmigkeit der Kurven lässt den Schluss zu, dass unter beiden Bedingungen die gleiche Bewegung ausgeführt wird. (B) Unter der Instruktion, den Stift visuell oder mental zu verfolgen, werden die Schreibbewegungen nicht mehr automatisiert ausgeführt. (Zu beachten ist die unterschiedliche Skalierung in (A) und (B).)

schlossenen Augen zu schreiben, aber darauf zu achten, wann sie die höchste Position in einem Buchstaben (z.B. den oberen Umkehrpunkt beim „l") erreichen (Abb. 4B). Auch diese Instruktion reicht offenbar aus, um automatisierte Schreibbewegungen zu blockieren (*Marquardt et al.*, 1996a).

Eine ähnliche Störung von automatisiertem Schreiben wie bei der Instruktion, die Stiftspitze zu verfolgen, provoziert die im Erstschreibunterricht geforderte Beachtung von Begrenzungslinien. Selbst bei routinierten Schreibern findet sich beim Schreiben zwischen Begrenzungslinien ein konsistenter Wechsel von automatisierten zu kontrollierten Bewegungen (*Quenzel*, 1994). Dies gilt nicht nur für das Schreiben von Wörtern, sondern kann sogar schon bei elementaren Schreibbewegungen wie der Produktion von isolierten Strichen zwischen Begrenzungslinien demonstriert werden (Abb. 5).

Einen anderen wichtigen Aspekt bei automatisiertem Schreiben stellen der Schreibdruck und die Griffkraft, mit der ein Schreibstift gehalten wird, dar. Schon seit langem ist bekannt, dass beide deutlich mit der Länge der Schriftspur anwachsen (*Denier van der Gon/*

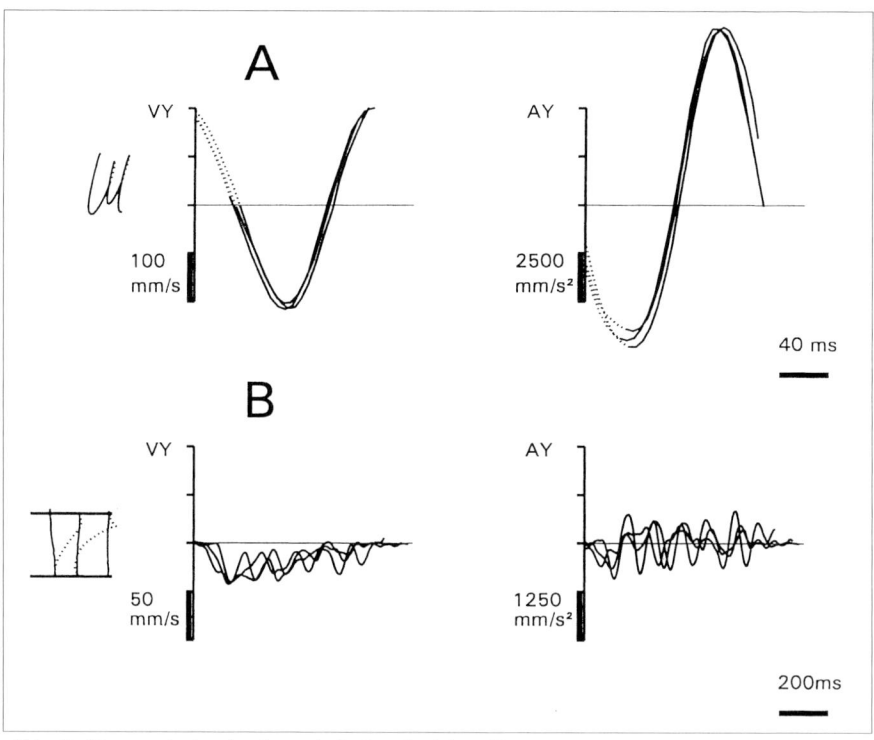

Abb. 5: Kinematische Analyse einfacher Striche, die von einem routinierten Schreiber (A) frei oder (B) unter der Instruktion, Begrenzungslinien genau zu beachten, produziert wurden. Für jeweils 3 Abstriche wurden die zugehörigen Geschwindigkeits- (VY) und Beschleunigungskurven (AY) übereinander gezeichnet.

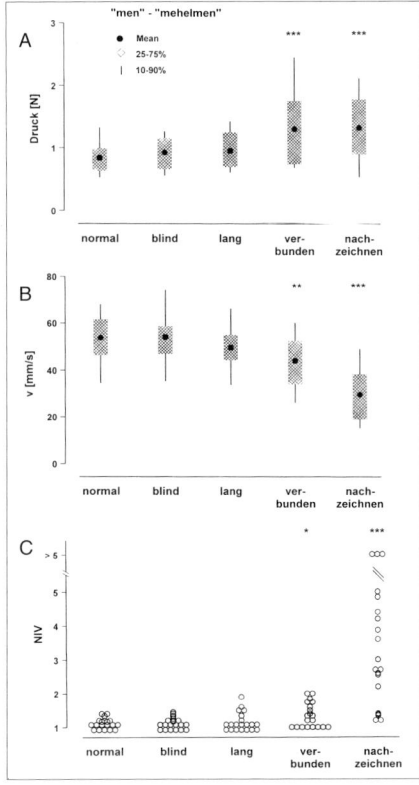

*Abb. 6: (A) Mittlerer Schreibdruck, (B) mittlere Schreibgeschwindigkeit und (C) Automationsgrad NIV von 20 routinierten Schreibern beim Schreiben kurzer („men") und langer („mehelmen") Wörter unter folgenden Bedingungen: normal – kurzes Wort in normaler Handschrift, blind – kurzes Wort mit geschlossenen Augen, lang – langes Wort normal geschrieben, verbunden – langes Wort verbunden geschrieben, nachzeichnen – kurzes Wort von der Bedingung „normal" nachgezeichnet. Ausgewertet wird jeweils die Silbe „men". Für lange Wörter ergibt sich nur dann ein signifikanter Effekt, wenn alle Buchstaben miteinander verbunden werden. T-Test pairs: * p<0.15; ** p<0.03; *** p<0.003 (Signifikanzniveau adjustiert für multiple Tests)*

Thuring, 1965). In einer neueren Untersuchung konnte gezeigt werden, dass auch routinierte Schreiber bei längeren Wörtern den Schreibdruck erhöhen, aber nur unter der Bedingung, dass alle Buchstaben miteinander verbunden werden müssen (Abb. 6A). Weiterhin war unter dieser Bedingung eine deutlich verminderte Schreibgeschwindigkeit (Abb. 6B) und ein verminderter Automationsgrad der Bewegungen (Abb. 6C) zu beobachten. Keine Unterschiede fanden sich hingegen beim Schreiben langer Wörter, wenn die Buchstaben nicht miteinander verbunden werden mussten (*Marquardt et. al*, 1996b). Eine Erhöhung des Schreibdrucks und eine Störung des Bewegungsablaufs scheint demnach nicht direkt an die Wortlänge selbst geknüpft, sondern wird erst durch einen inadäquaten Schreibstil verursacht. Wie erwartet zeigte das Nachzeichnen einen deutlich beeinträchtigten Automationsgrad mit einer ebenfalls signifikanten Druckerhöhung. Keine Unterschiede fanden sich für das Schreiben mit geschlossenen Augen.

Routinierte Schreiber lösen das Problem eines erhöhten Schreibdrucks dadurch, dass sie selten mehr als 2–3 Buchstaben miteinander verbinden, sonst aber den Stift zwischen benachbarten Buchstaben abheben. Diese Luftsprünge dauern 200 ms und länger und reichen vermutlich aus, um die beim Schreiben aktivierten Muskeln zu entlasten. Die Analyse routinierter Schreibbewegungen hat gezeigt, dass bevorzugt Buchstaben zusammengeschrieben werden, die verbunden schneller als getrennt geschrieben werden können (z.B. „le", „au", „ei" oder „ch"). Im Unterschied dazu setzen die meisten Schreiber vor Linksovalen den Stift ab. Messungen haben gezeigt, dass solche Buchstabenkombinationen (z.B. „lo", „nd", „ig", „la" oder „ec") getrennt schneller als verbunden geschrieben werden (*Mai*, 1991).

Therapie von Schreibstörungen

Die Entwicklung einer effektiven Behandlung von Schreibstörungen hängt davon ab, wie gut wir verstehen, welche Instruktion zu welchem Effekt führt. Wird als therapeutisches Ziel angestrebt, die Flüssigkeit oder Automation der Schreibbewegung zu reaktivieren, wird man sich – nach den vorangegangenen Ausführungen – davor hüten, Patienten aufzufordern, besonders schön zu schreiben, visuell die Schreibbewegung zu kontrollieren oder Zeilenbegrenzungen genau einzuhalten. Genau dies wird aber in Anweisungen zu Schreibübungen (möglicherweise in Anlehnung an den Schreibunterricht) oft empfohlen. Im Unterschied dazu schlagen wir vor, durch Instruktionen die bewusste Kontrolle der Schreibbewegungen zurückzudrängen. Kann ein Patient zwar nicht beim Schreiben, aber beim Kritzeln perfekt automatisierte Bewegungen ausführen, liegt es nahe, das Kritzeln schrittweise in intendierte Schreibbewegungen zu überführen. Beginnen könnte man mit Buchstaben oder Buchstabenelementen, die beim Kritzeln zufällig produziert wurden. Diese sollten im nächsten Schritt absichtlich produziert werden, aber ohne genau auf die Form zu achten oder die Bewegungsgeschwindigkeit zu drosseln.

Mit Hilfe der kinematischen Analyse kann bei einem einzelnen Auf- oder Abstrich eindeutig unterschieden werden, ob eine Schreibbewegung automatisiert oder nicht-automatisiert ausgeführt wurde. Damit kann sicher beurteilt werden, ob eine Instruktion die Ausführung automatisierter Bewegungen eher fördert

oder behindert. Die kinematische Analyse hat aber vor allem die Suche nach erhaltenen motorischen Leistungen entscheidend verbessert. Bei einer überraschend großen Zahl von Patienten mit Schreibstörungen reicht allein die Aufforderung zu kritzeln aus, um automatisierte Bewegungen zu provozieren. Andere Patienten konnten automatisierte Bewegungen erst dann ausführen, wenn sie nicht auf einer festen Unterlage, sondern auf einem frei gehaltenen Schreibtablett schreiben oder kritzeln sollten. Schließlich konnten manche Patienten mit ausgeprägten Schreibstörungen relativ ungestört schreiben, wenn lediglich die Stifthaltung geändert wurde. Wenn bei einem Patienten erhaltene (automatisierte) Bewegungen entdeckt werden können, hat dies unmittelbare Vorteile für das weitere diagnostische und therapeutische Vorgehen. Durch den wiederholten Vergleich der Bedingungen, unter denen automatisierte oder nicht-automatisierte Bewegungen ausgeführt werden, können systematisch Haltungs- und Bewegungsunterschiede definiert werden, die mit der Automation der Bewegung korreliert sind. Manche Patienten erhöhen z.B. sofort die Kraft, mit der sie den Stift halten, wenn sie aufgefordert werden, wieder Buchstaben oder Wörter zu schreiben statt zu kritzeln. Diese unnötige Krafterhöhung kann einem Patienten zurückgemeldet werden und die kinematische Analyse liefert die Kontrolle, ob die Rückmeldung umgesetzt werden kann.

Ein Fallbeispiel: Die 53-jährige Patientin wurde von einer Neurologischen Klinik zur Untersuchung der Schreibstörungen überwiesen. Die Patientin berichtete, ihre Schreibstörungen hätten bereits vor ca. 7 Jahren begonnen. Zwar habe es gelegentlich bessere Phasen gegeben, aber insgesamt sei ihre Schreibleistung immer schlechter geworden. Derzeit sei sie nicht in der Lage, ihren Beruf als Buchhalterin auszuüben; sie könne nicht einmal private Notizen aufschreiben und gerate in Panik, wenn sie ein Formular ausfüllen solle oder nur unterschreiben müsse.

Nach einer langen Geschichte erfolgloser Arztbesuche habe sie einer Behandlung

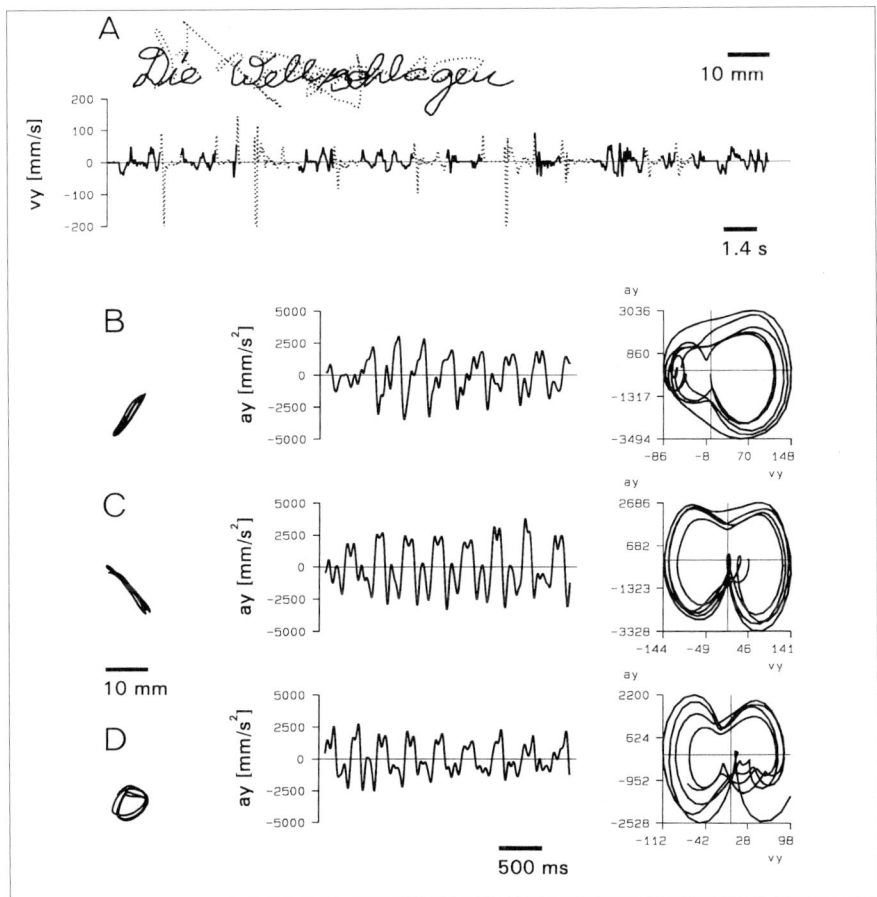

Abb. 7: Analyse der Schreibbewegungen einer Patientin mit einem Schreibkrampf. (A) Registrierte Schriftspur und zugehörige Geschwindigkeitskurve vy. (B) Alternierende Bewegungen des Handgelenks. Links die produzierte Schriftspur, in der Mitte der zugehörige Verlauf der Beschleunigung (ay) und rechts Phasendiagramm der aufeinanderfolgenden Werte von ay und vy. (C) Wiederholtes Vor- und Zurückfahren der Finger. (D) Kombination der elementaren Bewegungen in B und C beim wiederholten Übereinanderschreiben von Ellipsen („Kringeln"). Die Unregelmäßigkeiten in den Beschleunigungskurven und den Phasendiagrammen sind ein sicheres Indiz dafür, dass diese Bewegungen nicht automatisiert ausgeführt wurden.

93

mit Botox zugestimmt. Die Injektion von Botox hatte zu einer nicht intendierten Lähmung der Extensoren des 3. und 4. Fingers geführt. Bei unserer Erstuntersuchung, 10 Wochen später, war ein aktives Strecken dieser Finger noch nicht möglich, Daumen und Zeigefinger konnten dagegen ohne Einschränkungen bewegt werden. Die Untersuchung der Schreibbewegungen ergab deutliche Störungen des Bewegungsablaufs (Abb. 7).

Die Patientin konnte den Testsatz, für den Gesunde zwischen 5.8 und 10.6 s benötigen, in 30 s nicht einmal zu Ende schreiben. Auch die elementaren Bewegungen (alternierende Bewegungen im Handgelenk, wiederholtes Vor- und Zurückfahren der Finger) und die Kombination beider Bewegungen beim Übereinanderschreiben von Ellipsen waren durch unregelmäßige Beschleunigungskurven gekennzeichnet und unterschieden sich deutlich von normalen Leistungen. Forderte man die Patientin allerdings auf, „nicht zu schreiben", sondern „sinnlose Kritzel zu produzieren", waren die zugehörigen Geschwindigkeitskurven völlig glatt, wie es für automatisierte Bewegungen typisch ist (Abb. 8).

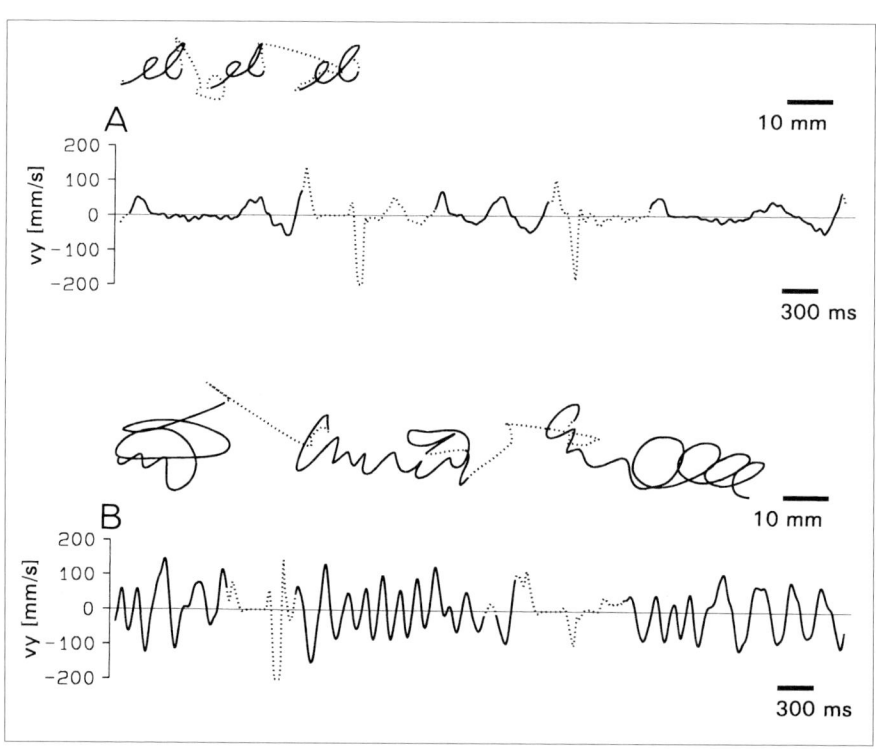

Abb. 8: (A) Die unregelmäßigen Geschwindigkeitskurven zeigen, dass selbst einfache wiederholte Buchstaben nicht automatisiert geschrieben wurden. (B) Die völlig glatten Geschwindigkeitskurven bei der unmittelbar anschließenden Produktion „sinnloser" Kritzel demonstriert aber die offensichtliche Kompetenz dieser Patientin, automatisierte Schreibbewegungen auszuführen.

Die nach den kinematischen Analysen als ungestört klassifizierten Bewegungen beim „Kritzeln" dienten in den folgenden Trainingssitzungen als „Referenzbewegung", um der Patientin die Unterschiede zwischen adäquaten und gestörten Bewegungen zu demonstrieren. Durch den systematischen Vergleich der beiden Bedingungen „Kritzeln" und „Schreiben" konnten Kontrollstrategien identifiziert werden, die beim Schreiben, nicht aber beim Kritzeln eingesetzt werden. Ein Beispiel dafür war der deutlich höhere Druck, der mit dem Unterarm auf die Schreibunterlage ausgeübt wurde. Der höhere Druck war zudem mit einer Versteifung der Schulter und des Ellenbogens gekoppelt und hatte eine offensichtliche Behinderung des Armtransports zur Folge. Typisch für „Schreiben", nicht aber für „Kritzeln" war zudem eine extreme Stabilisierung des Handgelenks und ein hoher Krafteinsatz beim Halten des Stifts. In den folgenden Trainingsabschnitten sollte die Patientin lernen, die motorischen Strategien, die sie beim Kritzeln einsetzte, auch beim Schreiben zu nutzen. Dazu wurden Informationen über die inadäquaten Kontrollstrategien, direkte Aufforderungen zur Lockerung der beteiligten Gelenke und Modifikationen der Stifthaltung eingesetzt. Beim Schreiben im Stehen auf einer frei gehaltenen Unterlage entfällt der feste Widerstand, gegen den mit dem Unterarm Druck ausgeübt werden kann. Unter dieser Bedingung konnte die Patientin deutlich flüssigere Schreibbewegungen ausführen. Weitere Trainingsschritte konzentrierten sich auf die Buchstabenformen und ihre Verbindungen.

Es zeigte sich, dass die Tendenz der Patientin, die Schriftgröße innerhalb einzelner Wörter extrem zu reduzieren, ohne das Schreibtempo anzupassen, deutlich zur Verkrampfung der Muskeln beitrug. Mit der Anweisung, den Stift häufiger abzusetzen, konnte die Patientin die Muskelspannung zunehmend länger kontrollieren. Nach 14 Trainingssitzungen waren die Schreibbewegungen deutlich verbessert und eine Nachkontrolle 9 Monate nach Therapieende ergab, dass diese Leistung auch ohne Training auf-

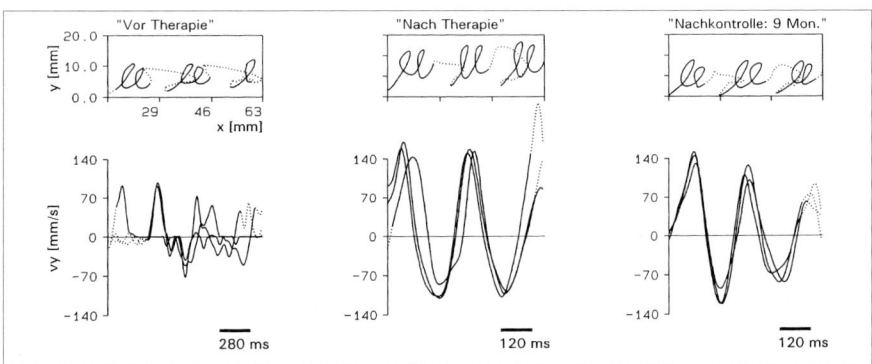

Abb. 9: Übereinander gezeichnete Geschwindigkeitskurven für wiederholt geschriebene Buchstaben „ll". (A) Vor dem Training waren die Geschwindigkeitskurven unregelmäßig und von Durchgang zu Durchgang verschieden. (B) Die glatten und in verschiedenen Durchgängen sehr ähnlichen Kurven zeigen, dass diese Buchstaben nach dem Training automatisiert geschrieben wurden. (C) Die Nachkontrolle 9 Monate nach Trainingsende demonstriert die Stabilität der Schreibleistung.

rechterhalten werden konnte (Abb. 9, s. S. 95).

Weitere Beispiele finden sich in *Mai/Marquardt* (1995) und *Mai* (1996). Bei der Behandlung von erwachsenen Patienten kann in der Regel vorausgesetzt werden, dass sie vor dem Auftreten der Schreibstörungen flüssig oder automatisiert schreiben konnten. Dies ist zumindest dann wahrscheinlich, wenn das Schreiben mit der Hand einen wesentlichen Teil der Berufsausübung ausgemacht hat. Die Maßnahmen, die bei Patienten helfen, die ehemalige Flüssigkeit der Schrift wieder herzustellen, können sicher nicht direkt für den Schreibunterricht, wenn Kinder erstmals schreiben lernen, übernommen werden. Aber einige Fragen an den Schreibunterricht erscheinen trotzdem unabweisbar.

Fragen an den Schreibunterricht

Die Flüssigkeit einer Handschrift gehört neben der Lesbarkeit zu den unumstrittenen pädagogischen Fernzielen des Schreibunterrichts. Umstritten sind allerdings die Wege, wie diese Ziele erreicht werden sollen, wie die erstaunliche Vielfalt der Regelungen zur Ausgangsschrift in den einzelnen Bundesländern zeigt. Die 1953 durch einen Beschluss der Kultusministerkonferenz eingeführte Lateinische Ausgangsschrift (LA) konkurriert inzwischen mit der Vereinfachten Ausgangsschrift (VA) aus dem Jahre 1973 und der Schulausgangsschrift (SAS), die 1968 in der ehemaligen DDR vorgeschrieben wurde. Aus der qualitativen Analyse der Buchstabenformen und der unterschiedlichen Vorschriften zur Verbindung der Buchstaben können zwar einige Folgerungen für den Bewegungsablauf und dessen Erlernbarkeit abgeleitet werden (*Krich-*

baum, 1994), aber bisher haben die Argumente offenbar noch keinen Konsens über die Wahl der „besten" Ausgangsschrift ermöglicht. Die Förderung flüssiger Schreibbewegungen kann aber keinesfalls auf die Wahl einer geeigneten Ausgangsschrift reduziert werden. Mit dem Begriff „Ausgangsschrift" soll gerade betont werden, dass es sich nicht um eine Ziel- oder Normschrift handelt, sondern um eine (mehr oder weniger brauchbare) Grundlage zur Entwicklung einer individuellen Handschrift. Wie aus der jeweiligen Ausgangsschrift eine individuelle und „bewegungsgünstige" Handschrift entwickelt werden soll, verschweigen die meisten Texte zur Grundschuldidaktik. Meist werden mit fortschreitenden Schuljahren nur einige Vorschriften (z.B. die Zahl der Begrenzungslinien) reduziert, bis schließlich die Schrift (in der Regel in der 5. Klasse) „freigegeben" wird. Es hat den Anschein, als bliebe die Entwicklung einer individuellen, flüssigen Schrift jedem einzelnen Schulkind überlassen, wobei lediglich eine ungenügende Lesbarkeit pädagogische Konsequenzen hat. Fest steht nur, dass kaum ein Erwachsener, der viel schreibt, die Ausgangsschrift beibehält. Der naheliegende Vorschlag (z.B. *Grünewald*, 1970), aus der Analyse routinierter Schriften auch Anregungen für den Erstschreibunterricht abzuleiten, wurde erstaunlicherweise bis heute nicht systematisch verfolgt.

Für einen außenstehenden Betrachter ist es nur schwer verständlich, warum Analysen der Schreibbewegungen und die umfangreiche Forschung zum motorischen Lernen bisher bei der Diskussion des Schreibunterrichts nicht berücksichtigt wurden. Die Technik zur Registrierung und kinematischen Analyse von Schreibbewegungen steht immerhin seit mehr als 15 Jahren zur Verfügung (z.B.

Teulings/Thomassen, 1979). Eine eigene empirische Methodenforschung ist für den Schreibunterricht bis heute nicht entwickelt worden, aber bereits die publizierten Befunde zur Kontrolle von Schreibbewegungen reichen aus, einige tradierte Anweisungen im Schreibunterricht in Frage zu stellen.

Ein gutes Beispiel ist die Vorschrift der Lateinischen Ausgangsschrift, möglichst viele Buchstaben miteinander zu verbinden. Wie empirisch gezeigt wurde, erhöht sich mit der Länge der verbundenen Schriftzüge der Schreibdruck und die Griffkraft. Kinder, die Schreiben lernen, wenden in aller Regel ohnehin zuviel Muskelkraft auf, der Stift wird mit großer Kraft gehalten und der Schreibdruck ist meist unnötig groß. Der Einsatz zu hoher Muskelanspannungen ist eine typische Beobachtung in Situationen, in denen neue motorische Aktivitäten gelernt werden sollen. Die beteiligten Gelenke werden durch gleichzeitige Anspannung antagonistischer Muskeln (Kokontraktion) stabilisiert. Im Verlauf des Lernfortschritts wird diese Muskelaktivität deutlich reduziert, die Muskeln werden effektiver eingesetzt. Ein angemessener Schreibunterricht müsste versuchen, die übermäßige Anspannung der Muskulatur zu reduzieren, um die Geschwindigkeit und die Ausdauer zu fördern. Statt dessen werden Kinder – ohne Notwendigkeit – mit der Anweisung konfrontiert möglichst viele Buchstaben zusammenzuschreiben, wodurch zusätzliche Muskelverspannungen provoziert werden.

Bislang fehlen systematische Untersuchungen darüber, über welche motorischen Kompetenzen Kinder bereits ver-

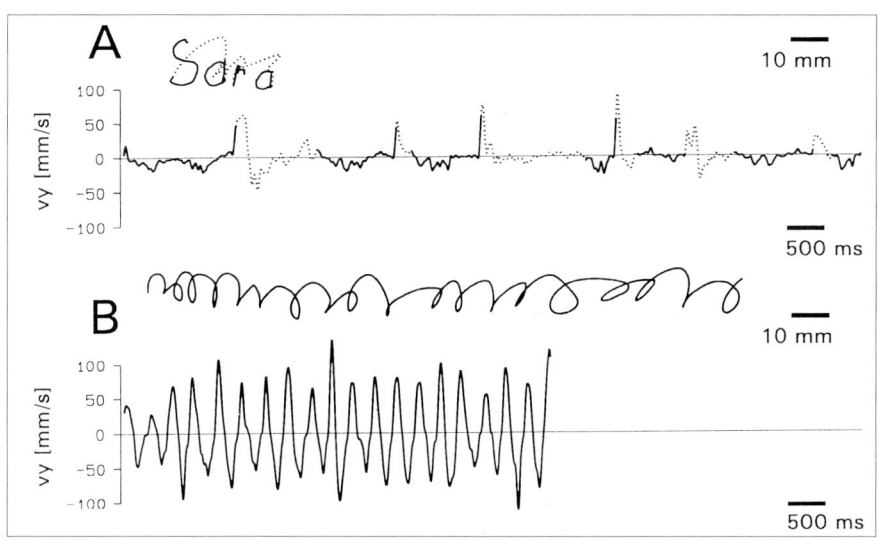

Abb. 10: Schriftproben einer 7-jährigen Schülerin, die seit 4 Monaten die erste Schulklasse besucht. Die Bewegungen bei der Produktion von Buchstaben (A) sind (noch) nicht automatisiert, aber dieses Kind hat eindeutig die Kompetenz, automatisierte Bewegungen z.B. beim Kritzeln (B) auszuführen. Die Frage ist, wie diese offensichtliche Kompetenz im Schreibunterricht genutzt werden kann.

fügen, wenn die Schreibschrift eingeführt wird. Können Kinder schreibähnliche Bewegungen (z.B. beim Kritzeln) automatisiert ausführen oder wird diese Kompetenz erst nach langen Schreibübungen erworben? Abbildung 10 zeigt den Vergleich der Bewegungen, die eine 7-jährige Schulanfängerin bei der Produktion von Druckbuchstaben und beim Kritzeln einsetzte.

Die glatten Geschwindigkeitskurven für aufeinanderfolgende Auf- und Abstriche beim Kritzeln belegen, dass diese Bewegungen automatisiert ausgeführt wurden. Bei Patienten mit motorischen Schreibstörungen würden wir solche glatten Geschwindigkeitskurven beim Kritzeln als Nachweis erhaltener motorischer Kompetenzen ansehen und zum Ausgangspunkt des Trainings machen (*Mai/Marquardt*, 1994; 1995a). Sollte sich herausstellen, dass viele Kinder bereits vor dem Schreibenlernen automatisierte schreibähnliche Bewegungen beherrschen, wäre es ein verlockender Ansatz, im Schreibunterricht diese Kompetenzen systematisch zu fördern. Dies würde aber die Entwicklung alternativer Unterrichtsmethoden erfordern, denn die derzeit übliche Betonung von Formtreue und der genauen Beachtung von Begrenzungslinien provoziert kontrollierte und verhindert automatisierte Schreibbewegungen.

Das von uns entwickelte Schreibtraining für Patienten mit motorischen Schreibstörungen orientiert sich an den Schreibtechniken routinierter Schreiber. Aus den Analysen der Schreibbewegungen wurden Instruktionen abgeleitet, die im Training systematisch eingesetzt werden. Ein Beispiel ist die Instruktion, die Muskeln bewusst zu entspannen, wenn der Stift abgehoben wird. Dabei können diese Pausen zunächst verlängert wer-

den, um die Entspannung sicherzustellen (*Mai/Marquardt*, 1995a, S 54ff). In der Schule gehören entsprechende Hilfestellungen zur Entwicklung einer flüssigen Handschrift offenbar nicht zum Methodeninventar, auch dann nicht wenn die strenge Orientierung an der Ausgangsschrift abgemildert und die Entwicklung einer individuellen Schrift zugelassen wird. Die Vernachlässigung der motorischen Komponenten des Schreibens kann kaum mit der relativ späten Entwicklung technischer Verfahren zur Registrierung und kinematischen Analyse der Schreibbewegungen begründet werden. Allein die Inspektion routinierter Schriften gibt viele Anregungen zur Verbesserung wenig flüssiger Schülerschriften. Statt „Schönschrift" zu üben, könnte z.B. die Entwicklung bewegungsökonomischer (und trotzdem gut lesbarer) Buchstaben und effektiver Bindungen erarbeitet werden.

Die Erarbeitung einer geeigneten Ausgangsschrift, die auch die Aspekte der Schreibbewegung berücksichtigt, wäre eine lohnende, gemeinschaftliche Aufgabe für Pädagogen, Typographen (Schriftdesigner) und die experimentelle Motorikforschung. *Grünewald* (1970) hat diesen Versuch begonnen, aber seine Verfahren zur Registrierung von Schreibbewegungen waren viel zu aufwendig, um unterschiedliche Schriftmodelle empirisch zu evaluieren. Vielleicht war dies ein Grund, dass die von ihm mitentwickelte Vereinfachte Ausgangsschrift zwar ein dankenswerter Versuch zur Reduktion überflüssiger Bewegungen in der Lateinischen Ausgangsschrift war, aber zumindest aus heutiger Sicht auf halbem Wege stehengeblieben ist. Die Kleinbuchstaben sind in der Vereinfachten Ausgangsschrift immer noch unnötig umständlich und die Anbindung der Buchstaben wurde nur halbherzig aufgegeben. Zwar wurde ein Absetzen des Stiftes bei Linksovalen erlaubt, aber dafür wurden Aufstriche am Ende der Buchstaben eingeführt. Diese Abwandlung der Buchstabenform macht nur Sinn, wenn der optische Eindruck einer verbundenen Schrift als unverzichtbares Ziel angesehen wird.

Unter der unzureichenden Förderung der Schreibmotorik haben vor allem die Kinder zu leiden, die Probleme beim Schreiben entwickeln. Zu den häufigsten Problemen gehören ein ungenügendes Schreibtempo, mangelnde Ausdauer und Klagen über Schmerzen im Handgelenk und in den Fingern. Solche Probleme können eine schulische Laufbahn unnötig limitieren. Ausgehend von den positiven Erfahrungen mit dem Training bei Schreibstörungen in der neurologischen Rehabilitation würden wir voraussagen, dass die meisten Schreibstörungen bei (gesunden) Kindern mit relativ wenigen Mitteln deutlich reduziert werden können.

Anregungen zur Veränderung des Schreibunterrichts ergeben sich nicht nur aus den Erfahrungen mit Schreibstörungen bei neurologischen Patienten. Generell hat die Entwicklung technischer Verfahren zur Registrierung und Analyse von Schreibbewegungen zu einer fast explosionsartigen Zunahme experimenteller Arbeiten zur Schreibmotorik geführt (vgl. *Wann et al.* 1991, *Faure et al.*, 1994). Für die pädagogische Forschung bleibt die Herausforderung, dieses Wissen für den Schreibunterricht umzusetzen und zu erweitern.

Literatur

Denier van der Gon J.J., Thuring J.P.: (1965) The guiding of human writing movements. Kybernetik 2:145-148.

Faure C., Keuss P., Lorette G., Vinter A. (Hrsg): (1994) Advances in handwriting and drawing: a multidisciplinary approach. Paris: Europia

Grünewald H.: (1970) Schrift als Bewegung. Weinheim: Beltz

Hollerbach J.M.: (1981). An oscillation theory of handwriting. Biological Cybernetics 39: 139-156.

Krichbaum G.: (1994) Schreibenlernen in der vereinfachten Ausgangsschrift (VA). In: *Haarman D.*: (Hrsg) Handbuch Grundschule Weinheim: Beltz S. 100-117

Leist A., Freund H.-J., Cohen B.: (1987) Comparative characteristics of predictive eye-hand tracking. Human Neurobiology 6:1926

Mai N.: (1991) Warum wird Kindern das Schreiben schwer gemacht? Zur Analyse der Schreibbewegungen. Psychologische Rundschau 42:12-18.

Mai N., Marquardt C.: (1992) CS Computerunterstützte Analyse der Bewegungsabläufe beim Schreiben. Bedienungsanleitung. München

Mai N., Marquardt C.: (1994) Treatment of writer's cramp. Kinematic measures as an assessment tool for planing and evaluating training procedures. In: *Faure C., Keuss P., Lorette G., Vinter A.*: (Hrsg) Advances in handwriting and drawing: a multidisciplinary approach. Paris: Europia S. 445-461.

Mai N., Marquardt C.: (1995a) Schreibtraining in der neurologischen Rehabilitataion. In: *Mai N., Ziegler W., Kerkhoff G., Troppmann N.*: (Hrsg) EKN-Materialien für die Rehabilitation. Dortmund: borgman publishing

Mai N., Marquardt C.: (1995b) Analyse und Therapie motorischer Schreibstörungen. Psychologische Beiträge 37:538-582

Marquardt C., Mai N.: (1994) A computational procedure for movement analysis in handwriting. Journal of Neuroscience Methods 52:39-45.

Marquardt C., Gentz W., Mai N.: (1996a) On the role of vision in skilled handwriting.In: *Simner M.L., Leedham C.G., Thomassen A.J.W.M.* (Hrsg): Handwriting and Drawing Research: Basic and Applied Issues. Amsterdam: IOS Press S. 87-97.

Marquardt C., Wetzel T., Mai N.: (1996b) Control of pressure in skilled handwriting. Abstracts of the 4th International Congress of Movement Disorders, Wien. Movement Disorders: 11, Suppl. 1.

Plamondon R.: (1995) A kinematic theory of rapid human movements. Biological Cybernetics 72: 295-320.

Quenzel I.: (1994) Kinematische Analysen einfacher Schreibbewegungen bei Kindern und Erwachsenen. Unveröfft. Diplomarbeit, Fachbereich Psychologie, Universität Frankfurt.

Teulings H.L., Thomassen A.J.W.M.: (1979) Computeraided analysis of handwriting movements. Visible Language 13:218-231.

Wann J., Wing A.M., Sovik N. (eds): (1991) Development of graphic skills. Research perspectives and educational implications. London: Academic Press

Angelika Speck-Hamdan

Individuelle Zugänge zur Schrift

Schriftspracherwerb aus konstruktivistischer Sicht

Zeitpunkt: Beginn der zweiten Schulwoche
Situation: Kinder sitzen am Montagmorgen im Gesprächskreis zusammen
Sascha sagt: „Ich habe euch etwas mitgebracht." Stolz präsentiert er fünf gleichgroße Papierschnipsel und legt sie in die Kreismitte.
„Das ist ein Puzzle", sagt er mit einer Stimme, die verrät, dass wir das wohl nie rauskriegen.
Die Kinder schauen und bemerken dann, dass auf den einzelnen Papierstückchen Buchstaben stehen.
Sandra hockt sich in den Kreis und beginnt, die Schnipsel nebeneinander zu legen.
Die Kinder sagen:
Da ist ein O. Und ein N.
Den kenn ich, den hab ich vorn.
Das S ist auch da.
Ja, und noch mal!
Und ein E – wie Esel.
In der Kreismitte liegt jetzt ENNOS. Sandra (sie kann schon Wörter und kleine Sätze lesen) ruft: „Oh, das ist ja Sonne!" Schnell legt sie die Buchstaben in die richtige Reihenfolge. „Ja, das ist Sonne."
Anwar hält sich die Hand vor den Mund, lacht versteckt und prustet dann los: „Das soll eine Sonne sein, da lach ich mich ja kaputt, das ist doch keine Sonne!"
Die Kinder schauen etwas ratlos. Die Studentin geht an die Tafel und malt eine große Sonne.
Sie fragt: „Ist das eine Sonne?"
Er nickt: „Ja, das ist eine Sonne. So sieht nämlich eine Sonne aus."

Im Kreis zeigt sie auf die Schnipsel und sieht die Kinder an. Sascha meint: „Ja, da steht auch Sonne. Das ist nämlich das Wort für Sonne."
„Hääh?" ... Keiner kann dieses „Häh" so lang ziehen und so ungläubig gucken wie Anwar. „Das ist auch 'ne Sonne?"
Murat sagt: „Anwar, das sind die Buchstaben für Sonne, so wenn man schreibt."
Sascha erklärt noch, dass er sein Puzzle ja extra schwer machen wollte, deshalb habe er keine Sonne gemalt.
Anwar schaut noch etwas ungläubig und fragt: „Und da steht jetzt Sonne?"

Beispiel aus *Dehn* 1994, 82 („Das soll eine Sonne sein?")

Dieses Beispiel illustriert zunächst auf besonders eindrucksvolle Weise zweierlei:

- Die Wahrnehmung von Schrift und damit der produktive Umgang mit ihr setzt kognitive Bewusstheit von Schrift voraus. Erst wenn eine Vorstellung über die Funktion und Bedeutung schriftsprachlicher Zeichen vorliegt, kann damit operiert werden.

- Kinder haben bei Schuleintritt eine qualitativ unterschiedliche Bewusstheit von Schrift ausgebildet. Der schulische Schriftspracherwerb setzt in keinem Fall bei einem Nullpunkt an.

Kinder eignen sich – bereits vor dem Einsetzen des schulischen Lehrens und

Lernens – unterschiedliche Strategien der Schriftverarbeitung an. Einige Kinder wissen über die Zuordnung von einzelnen Buchstaben und Lauten Bescheid, sie wenden ansatzweise bereits eine alphabetische Strategie an (sie kennen z.b. das O oder das E – wie Esel). Andere Kinder , z.b. Sandra, können damit schon relativ gekonnt umgehen (sie erkennt das Wort auch in der umgestellten Form). Anwar dagegen, der hier einen entscheidenden Impuls für seine Entwicklung erhält, scheint es noch nicht bewusst zu sein, dass Buchstaben für Laute stehen. Wir erfahren aus dieser Szene nicht, ob er den Impuls umsetzen konnte. Immerhin formuliert er am Ende selbst: „Und da *steht* jetzt Sonne?"

Die Modellvorstellung vom Schriftspracherwerb als Entwicklungsprozess, im Laufe dessen qualitativ unterschiedliche Strategien der Schriftverarbeitung angewendet werden und in dem sich der Umgang mit Schrift immer weiter differenziert, hat den Blick der Pädagogik und Didaktik stärker auf die Lernerinnen und Lerner gelenkt. Sie erarbeiten sich den Gegenstand Schrift selbst. Sie sind „Konstrukteure" ihres Wissens, das auf Erfahrungen beruht. Ihre Erfahrungen mit Schrift, die – wie wir auch in dem Beispiel gesehen haben – in der Regel sozial vermittelte Erfahrungen sind, bilden sozusagen das Raster, nach dem sie neue Erfahrungen verarbeiten können.

Dass Kinder unterschiedliche Erfahrungen machen und Erfahrungen unterschiedlich verarbeiten, ist mittlerweile eine Binsenweisheit. Die Annahme eines aktiven Lerners, der sozusagen „die Welt in seinem Kopf erfindet", bildet eine Erklärung dieser Beobachtung mit weitreichenden Konsequenzen für die Gestaltung von Unterricht allgemein und für

den Schriftspracherwerb im Besonderen.

Ich gehe in diesem Sinn von einer konstruktivistischen Sicht des Schriftspracherwerbs aus, versuche sie näher zu akzentuieren und möchte daraus im Anschluss mögliche pädagogische und didaktische Konsequenzen ziehen. Dabei werde ich auch an Grenzen stoßen, die ihrerseits künftige Forschungsfelder eröffnen könnten.

Schriftspracherwerb unter konstruktivistischer Perspektive

Alle konstruktivistischen Ansätze, die sich auf Lernen oder Wissenserwerb beziehen, gehen von derselben Grundvorstellung aus:

Lernen ist ein Konstruktionsprozess. Auf der Basis vorhandener Schemata, Vorstellungen und Überzeugungen werden neue Erfahrungen verarbeitet. Lernende konstruieren ihr Wissen selbst. Es entsteht nicht durch Informationsübertragung nach dem Modell eines Trichters oder einer Rohrpost. Deshalb ist Lernen nicht notwendigerweise eine Konsequenz von Lehren. Lernen ist ein aktiver, selbstgesteuerter Prozess, der sich im Kopf des/der Lernenden abspielt. Er ist das Ergebnis einer Interaktion zwischen Individuum und (Lern-)Umwelt.

Sogenannte „pragmatische oder moderate" Spielarten des Konstruktivismus, wie ihn z.B. auch *Gerstenmaier* und *Mandl* (1995) vertreten, betonen über diese eventuell etwas eng auf das Individuum ausgelegte Sicht hinaus die besondere Bedeutung des „sozialen Aushandelns von Bedeutungen, das auf der Grundlage kooperativer Prozesse zwischen Lehrenden und Lernenden erfolgen kann" *(Gerstenmaier/Mandl* 1995, 875). Auch dem

„relevanten Kontext", in den Informationen eingebettet sind, und den metakognitiven Aktivitäten wird eine wichtige Rolle im Konstruktionsprozess zugeschrieben.

Bezogen auf den Schriftspracherwerb bedeutet dies, dass Kinder die Schrift in ihrem Kopf konstruieren und erfinden, und zwar auf der Basis der aktuell zur Verfügung stehenden Muster, Schemata, Filter, wie auch immer man dies bezeichnen mag. Sie knüpfen an Vorhandenes an, um es weiter zu differenzieren oder zu modifizieren. Dabei entwickeln sie ihre eigenen Vorstellungen und Konzeptionen von Schrift, die sie beibehalten, solange sie ihnen die Verarbeitung von Schrifterfahrungen ermöglichen. Werden sie durch „Perturbationen"[1] dazu gezwungen, ersetzen sie sie durch neue, differenziertere, adäquatere. So nähern sie sich allmählich dem Lerngegenstand, der Schrift, an. Anwar, der Junge aus dem Eingangsbeispiel, könnte die geschilderte Situation als eine solche Perturbation erleben und zu einer Revision seiner bisherigen Vorstellungen angeregt werden.

Eine nicht uninteressante Frage tut sich allerdings auf:

Kann man überhaupt etwas erfinden, was es schon gibt? Schrift ist ein System von willkürlich entstandenen, historisch überlieferten und durch Konvention festgelegten Zeichen. Wenn jeder Mensch Schrift neu erfinden müsste, müsste er sozusagen die Geschichte der Menschheit im Zeitraffer durchlaufen. Käme man dann überhaupt zu gleichen Lösungen? Mit Sicherheit nicht. Die Menschheit hat schließlich verschiedene Schriftsysteme hervorgebracht. Aber Schrift als Medium der Kommunikation erfüllt nur dann ihren Zweck, wenn wenigstens zwei Menschen sich damit verständigen können. Um Schrift verwenden zu können bedarf es gesellschaftlicher bzw. kultureller Konventionen, die von den Lernenden bereits vorgefunden werden. Auch die Mathematik kann nicht von jedem Lernenden neu erfunden werden. In der Schule wird kulturell vererbtes Wissen aufgeschlossen. Das ist der ursprüngliche Zweck einer institutionalisierten Bildung.

Kersten Reich ist der Meinung, im Zusammenhang mit überliefertem Wissen solle man besser von „Rekonstruktionen" sprechen als von der „aktiven Übernahme bereits vorhandener Konstruktionen von Anderen" (1996, XI).

Dieser Gedanke aber wirft die grundsätzliche Frage nach der Freiheit des aktiv Konstruierenden auf. Wenn er/sie nur „nachkonstruiert", kann dann noch von „Erfindung" die Rede sein? Der vielfach verwendete Ausdruck des „Erfindens" der eigenen Wirklichkeit im Kopf ist in der Tat missverständlich.

Rekonstruktionen im oben genannten Sinne sind selbstverständlich für jeden Einzelnen betrachtet eigene Konstruktionen. Schrift, auch wenn sie rekonstruiert wird, gewinnt erst dann Bedeutung für ein Kind, wenn es sie sich in einem eigentätigen kognitiven Prozess angeeignet hat.

Die Umgebung stellt dazu Anregungen und Muster bereit, deren Auf- oder Übernahme in der Entscheidung des Lernenden steht. Besteht darin die Freiheit des Konstruierenden? Lernende können im konstruktivistischen Sinn mit sogenannten nicht-trivialen Maschinen[2] verglichen werden. Eine besonders hervorstechende Eigenschaft von nicht-trivialen Maschinen, deren Input und Output nicht linear aufeinander zu beziehen sind, ist deren Unvorhersagbarkeit. Sie kommen auch zu Ergebnissen, die nicht vorhersehbar waren, besitzen also in einem gewissen Sinn Freiheit, anders ausgedrückt: sie sind autonom. Wie groß ist die Freiheit des Einzelnen beim Konstruieren? Würde immer nur rekonstruiert, würde Wissen sich nicht verändern.

Wissen ist aber heute mehr denn je nichts Festes oder Unverrückbares. Erfindungen sind immer mit dem Überschreiten der bisherigen Denkmuster verbunden. Die Erfindung neuer Medien zur Schriftverwendung beispielsweise überwindet die Vorstellung von Blatt und Papier als Medium und ist greifbares Ergebnis aktiven Konstruierens.

Man kann Schrift, weil sie überliefert ist, nicht als komplettes System neu erfinden oder neu konstruieren. Jeder Lerner und jede Lernerin aber konstruiert sie für sich selbst neu und hat dabei die Freiheit eines neuen Blicks bzw. die Freiheit des individuellen Zugangs.

Es scheint mir gerade für die Entstehung von Wissen und im Kontext von Unterricht wichtig, die Vorstellung von der individuellen, eigentätigen Konstruktion bewusst durch den sozialen Aspekt zu ergänzen. Einige Autoren sprechen von einer Ko-Konstruktion des Wissens, was bedeutet, dass Lernende sich ihre Konstruktionen gegen- und wechselseitig zur Verfügung stellen. Sie profitieren voneinander, weil ihre Problemlösestrategien qualitativ ähnlich sind. Das erklärt vielleicht, warum Kinder bei Verständnisproblemen einander manchmal besser helfen können als Lehrerinnen und Lehrer. Auch im obigen Beispiel gibt Murat Anwar einen wichtigen und hilfreichen Hinweis, der seiner Vorstellung von Schrift entspricht: „Das sind die

Buchstaben für Sonne, so wenn man schreibt." Aber auch die sorgfältige und einfühlsame Beobachtung einer Lehrerin oder eines Lehrers kann Grundlage für einen Ko-Konstruktionsprozess sein, der sich zwischen Lehrenden und Lernenden ereignet. Dies wird dadurch erleichtert, dass die Rolle der Lehrenden in konstruktivistischer Sicht anders als in herkömmlichen Lehr-Lernsituationen definiert wird. Lehrende werden zu Lernbegleitern oder Lernhelfern. Sie beobachten, gestalten Lernumgebungen, regen an und unterstützen.

Die Bedeutung des sozialen Kontextes wird auch im Zusammenhang mit der Erprobung der eigenständigen Problemlöseversuche deutlich. Erst wenn ein anderer auch lesen kann, was ich aufgeschrieben habe, kann ich den Versuch der Verschriftung als erfolgreich ansehen. Der soziale Kontext wird zur Kontrolle für die erfolgreiche Bewältigung der schriftsprachlichen Kommunikationssituation. Die Nähe diese Konzepts zum Spracherfahrungsansatz ist nicht zu übersehen.

Auch der von *Sigrun Richter* für den Schriftspracherwerb vorgestellte Ansatz einer „ökologischen Didaktik" (1995) enthält den Grundgedanken der sozialen Einbettung von individuellen Lernentwicklungen.

Diese Überlegungen führen weiter zur generellen Bedeutung der Umgebung innerhalb einer konstruktivistischen Vorstellung vom Schriftspracherwerb. Im Mittelpunkt steht der aktive Lerner, der sein Wissen selbständig konstruiert. Er generiert sozusagen auf der Grundlage einer zunächst allgemeinen Auseinandersetzung mit der Umgebung ständig neue, qualitativ verbesserte Strategien für den Umgang mit einzelnen Gegenständen dieser Umgebung. Schrifterfahrung produziert neue und differenziertere Schrifterfahrungen.

Der Umgang mit Schrift wird nur durch den Umgang mit Schrift gelernt. Dazu bedarf es aber nicht nur des wachen Geistes, sondern auch der passenden Umgebung, wie im Äquilibrationsmodell von *Piaget* deutlich veranschaulicht. Der Blick kann also nur dann auf Schrift gerichtet werden, wenn Schrift bedeutungsvoll in der jeweiligen Umwelt eines Kindes vorhanden ist. Diese Bedingung erklärt zu einem erheblichen Teil die individuellen Unterschiede der Kinder im Umgang mit Schrift. Sie eröffnet innerhalb der Didaktik des Schriftspracherwerbs Möglichkeiten der Gestaltung.

Überlegungen zu einer Pädagogik und Didaktik des Schriftspracherwerbs auf konstruktivistischer Grundlage

Beobachtung der lernenden Kinder:

Da die Aktivitäten der Lernerinnen und Lerner im Mittelpunkt stehen, müssen sie von den Lehrerinnen und Lehrern so genau wie möglich beobachtet und ausgewertet werden. Das Ergebnis der Beobachtung ist richtunggebend für das folgende Angebot. *Mechthild Dehn* (1996) stellt ein dreischrittiges Verfahren vor. Sie empfiehlt, den Blick entlang folgender Fragen zu richten:

Was kann das Kind schon?
Was soll es lernen?
Welches könnte der nächste Schritt sein?

Auf die wichtige und positive Rolle der „Fehler" ist bereits sehr eindringlich an verschiedenen Stellen hingewiesen worden.[3] Sie sind für die Beobachter das zuverlässigste Fenster in den von außen ansonsten relativ unsichtbaren Lernprozess. Ansatzpunkt für die Planung des Lernangebots aber ist immer das erreichte Können des Kindes. Dieses kann gerade in einem sogenannten Fehler zum Vorschein kommen, zum Beispiel in den häufig anzutreffenden Übergeneralisierungen („Sofer" statt „Sofa").

Im Bereich der Beobachtung von Lernprozessen leisten die verschiedenen Entwicklungsmodelle[4], die in den letzten Jahren an Bedeutung gewonnen haben, sicher eine entscheidende Hilfe, ermöglichen sie es doch, das jeweilige Können im Kontext einer fortlaufenden Entwicklung zu verstehen. Allerdings meine ich, dass uns noch genauere Daten zum Zusammenhang zwischen unterrichtlichem Angebot und individuellen Verarbeitungen desselben fehlen.

Gestaltung der Lernumgebung:

Die Gestaltung der Lernumgebung wird zu einer besonders anspruchsvollen Aufgabe der Lehrerin bzw. des Lehrers. Folgende Aspekte, die bei der Gestaltung von Lernumgebungen nach *Gerstenmaier/Mandl* (1995) berücksichtigt werden sollten, lassen sich auf den Schriftspracherwerb beziehen:

- **Authentizität und Situiertheit:** Schrift sollte in sinnvollen Anwendungskontexten zur Auseinandersetzung auffordern. Kinder sollten erkennen können, dass der Umgang mit Schrift ihnen hilft, bestimmte Lebenssituationen erfolgreicher zu bewältigen. Sie sollen den Sinn und die Funktion von Schrift unmittelbar erfahren können.

Die Einrichtung eines Briefkastens in der Klasse oder einer Korrespondenz mit einer anderen Klasse wären Bei-

Abb. 1

Abb. 2

spiele dafür. Aber auch das Vorgehen nach einem Rezept oder einer Bastelanleitung verschaffen diese Erfahrung.

- **multiple Kontexte**: Schrift sollte in ihren unterschiedlichen Anwendungsmöglichkeiten genutzt werden können, um einen flexiblen Schriftumgang sicherzustellen. Geschichten vorlesen und selber lesen, Geschichten schreiben, Briefe schreiben, Spielanleitungen lesen, Lesespiele, Texte auf der Schreibmaschine, am Computer schreiben, drucken, ... die Vielfalt ist hier fast unbegrenzt. Gerade die vielfältigen Anwendungsbereiche von Schrift und ihr Vorkommen in fast allen Lebensbereichen schaffen beste Voraussetzungen dafür, dass Kinder ihren je eigenen Zugang zum Gegenstand finden können.

- **multiple Perspektiven**: Kinder sollten die Möglichkeit haben, Schrift aus unterschiedlichen Perspektiven sehen zu können. Die Erfahrung, dass es auch

andere Schriften gibt, die ihre Funktion ebenso erfüllen, weitet mit Sicherheit den Blick. Sie eröffnet Möglichkeiten der Reflexion über Schrift. Gleichzeitig sollten – auch durch die Einbettung in multiple Kontexte – die Perspektiven für die Anwendung und Verwendung von Schrift vielfältiger wer-

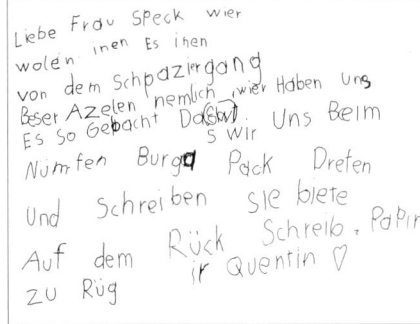

Abb. 3

den. Die Perspektive beispielsweise, das Fernsehprogramm selbst durchsehen zu können, kann für das eine Kind soviel Anreiz bieten wie für ein anderes die Aussicht, der Großmutter oder der Lehrerin einen Brief schreiben zu können.

- sozialer **Kontext**: Die Lernumgebung sollte so gestaltet sein, dass sie kooperatives Arbeiten und den gemeinsamen Austausch über die Erfahrungen fördert. Das ist bei vielen der Materialien (vor allem den Spielen) der Fall, die im Schriftspracherwerb eingesetzt werden. Das gegenseitige Vorstellen von Lieblingsbüchern, das gemeinsame Lesen, das gegenseitige Briefeschreiben und der Gruppenauftrag des selbständigen Beschriftens einer Sammlung im Sachunterricht gehören auch dazu.

So entsteht ein Raum für Ko-Konstruktion, für die Erprobung und Kontrolle des erreichten Könnens und nicht zuletzt wieder für das gemeinsame Nachdenken über Schrift.

Raum für Eigentätigkeit:
Lernende nutzen eine in diesem Sinn gestaltete Lernumgebung aber erst dann effektiv, wenn sie ihnen tatsächlich Freiheit und Selbständigkeit im Umgang mit dem Gegenstand Schrift eröffnet. Sie müssen diese Freiheiten deutlich erkennen können, um sie auch in ihrem Sinne und zur Entfaltung ihrer schriftsprachlichen Fähigkeiten ausschöpfen zu können. Das hat eine verstärkte Öffnung des Unterrichts zur Folge. Der Heterogenität der Ausgangslagen muss eine Heterogenität der Angebote gegenübergestellt werden. Die Ergebnisse des aktiven Umgangs mit Schrift werden vielfältiger werden. Kinder aber erfahren dadurch auch, dass manchmal viele Wege möglich sind und dass es nicht nur „die eine

Wahrheit" gibt. Ein Klima der Akzeptanz in der Klasse unterstützt eine solche Grundlegung von Toleranz.

Inseln der Reflexion:
Damit Wissen Bedeutung erlangt, muss es auch reflektiert werden. Schrift muss immer auch Gegenstand des Nachdenkens sein. Kinder erkennen so nicht nur wachsend die Bedeutung von Schrift in ihrer Umwelt, sie erwerben so auch ein Konzept ihrer eigenen Tüchtigkeit, ihrer eigenen Lern- und Leistungsfähigkeit, das für das weitere Lernen in der Schule grundlegend ist. Wir wissen um die Bedeutung von metakognitiven Elementen im Unterricht für ein erfolgreiches Lernen überhaupt ebenso wie um die Bedeutung des metasprachlichen Bewusstseins für den Erfolg im Schriftspracherwerb[5]. Die Schaffung von Inseln der Reflexion muss daher eine der zentralen Aufgaben von Grundschullehrerinnen und Grundschullehrern im Bereich des Schriftspracherwerbs sein. Konkret bedeuten solche Inseln in erster Linie Zeit für Gespräche über das Schreiben- und Lesenlernen, Zeit für Schreib- oder Lesekonferenzen. Sie bedeuten aber auch, dass die Schriftsprache zum Gegenstand gemacht wird. In diesem Sinn gewinnt die Sprachbetrachtung eine neue und spannende Bedeutung.

Offene Fragen

Wir wissen heute viel über den Entwicklungsprozess des Lesens und Schreibens. Eine der wichtigsten Erkenntnisse in diesem Zusammenhang ist, dass Kinder auf unterschiedlichen Wegen zur Schrift kommen können, dass ihre Zugänge individuell verschieden sind, auch wenn sich einige Regeln (z.B. die des Zugriffs über qualitativ unterscheidbare Strategien) verallgemeinern lassen. Entscheidend ist das Zusammenspiel eigenaktiven Lernens und entsprechender Variablen der Lernumgebung, zu der selbstverständlich auch Eltern, Lehrerinnen und Lehrer und andere Kinder gehören.

Unter Zugrundelegung eines konstruktivistischen Lernverständnisses scheinen mir einige Fragen besonders interessant:

- Welche Rolle spielen soziale Prozesse im Zusammenhang mit dem Schriftspracherwerb? Welche Impulse können sich Kinder in Partner- oder Gruppenarbeitssituationen geben? Verfügen sie eventuell über bessere „Antennen" für die „richtigen" Impulse, weil ihre Vorstellungen von Schrift einander ähnlicher sind im Vergleich zu denen von erwachsenen (in diesem Fall kompetenteren) Leserinnen und Lesern? Wie kann ein Lernarrangement gestaltet werden, das solche Ko-Konstruktionsprozesse begünstigt? Der Aspekt der Authentizität und Situiertheit des Lernens muss hier sicher mitberücksichtigt werden. Wie verlaufen solche Prozesse? Das Eingangsbeispiel stellt einen Glücksfall einer Protokollierung dar. Wir benötigen mehr Mikro-Analysen einzelner Lernentwicklungen, die gleichzeitig die Bedingungen der Lernausgangslagen und der Gestaltung der Lernumgebungen berücksichtigen.

- Welche Lernarrangements brauchen welche Kinder? Wir wissen, dass Kinder Lernumgebungen in unterschiedlicher Weise nutzen, dass Kinder nicht immer auf ein vorhandenes Angebot ansprechen, auch wenn nach unserer Einschätzung eine Passung zwischen Angebot und bereits erworbenem Wissen und Können besteht. Es genügt ganz offensichtlich nicht, Umgebungen in der Art eines Supermarktes oder eines Wühltisches zu organisieren und auf die selbstentdeckenden Fähigkeiten der Kinder zu vertrauen. Manche Kinder sind durch ein Überangebot verunsichert, andere fühlen sich durch eine zu starke Lenkung gegängelt. Wir haben noch nicht genügend Aufschluss über die Fähigkeit gerade lernschwächerer Kinder, eine anregende Umgebung effektiv für sich zu nutzen.

Damit sind weitere Forschungsaufgaben gestellt. Nicht zu vernächlässigen ist aber in einem anwendungsbezogenen Bereich wie der Didaktik des Schriftspracherwerbs vor allem die Frage nach der „Implantierung" der neueren, eindrucksvoll übereinstimmend aus verschiedenen Perspektiven gewonnenen Erkenntnisse in den Unterricht vor Ort.

Anmerkungen

[1] Mit Perturbationen sind Störungen, Dissonanzen des bisher erreichten Gleichgewichts zwischen vorhandenen Strukturen und zu verarbeitenden Erfahrungen gemeint.
[2] *Luhmann* (1987) erklärt das häufige Scheitern erzieherischer Bemühungen u.a. damit, dass Kinder so behandelt würden, als seien sie triviale Menschen, d.h. grundsätzlich determiniert, vergangenheitsunabhängig und vorhersagbar. Der Vergleich von trivialen und nicht-trivialen Maschinen geht auf *Heinz von Foerster* zurück.
[3] z.B. *Reinhard Kahl* (1995): „Lob des Fehlers"
[4] vgl. *Scheerer-Neumann* und *Valtin* in diesem Band
[5] siehe *Scheerer-Neumann* in diesem Band

Literatur

Dehn, Mechthild (1994): Schlüsselszenen zum Schrifterwerb. Arbeitsbuch zum Lese- und Schreibunterricht in der Grundschule. Weinheim
Dehn, Mechthild (1996): Schwierige Lernentwicklung und Unterrichtskonzept. In: *Dehn, Mechthild/Hüttis-Graf, Petra, Kruse, Norbert* (Hrsg.): Elementare Schriftkultur. Schwierige Lernentwicklung und Unterrichtskonzept. Weinheim, S. 16-30
v. Foerster, Heinz (1992): Entdecken oder Erfinden. Wie lässt sich Verstehen verstehen? In: *Gumin,*

Heinz/ Meier, Heinrich (Hrsg.): Einführung in den Konstruktivismus. München, S. 41–88

Gerstenmaier, Jochen/Mandl, Heinz (1995): Wissenserwerb unter konstruktivistischer Perspektive. In: Zeitschrift für Pädagogik, Jahrgang 41, Heft 6, S. 867–888

Kahl, Reinhard (1995): Lob des Fehlers. In: *Brügelmann, Hans/Balhorn, Heiko/Füssenich, Iris* (Hrsg.): Am Rande der Schrift. Zwischen Sprachenvielfalt und Analphabetismus. Lengwil, S. 14–24

Luhmann, Niklas (1987): Sozialisation und Erziehung. In: *Rotthaus, Walter* (Hrsg.): Erziehung und Therapie in systemischer Sicht. Dortmund, S. 77–87

Reich, Kersten (1996): Systemisch-konstruktivistische Pädagogik. Einführung in Grundlagen einer interaktionistisch-konstruktivistischen Pädagogik. Neuwied

Richter, Sigrun (1995): Ökologische (Schriftsprach-) Didaktik. In: *Brügelmann, Hans/Balhorn, Heiko/Füssenich, Iris* (Hrsg.): Am Rande der Schrift. Zwischen Sprachenvielfalt und Analphabetismus. Lengwil, S. 363–372

Konrad Ehlich

Schriftform als Erwerbsaufgabe

- ein Aspekt des Schriftspracherwerbs aus linguistischer Sicht

1. Selbstverständlichkeit Schrift

Zu den vielen Selbstverständlichkeiten, derer wir uns alltäglich bedienen, gehört neben der Sprache auch die Schrift. Schrift – und zwar in der Form, in der sie uns spätestens von der schulpflichtigen Kindheit an geläufig ist – ist uns so selbstverständlich, dass wir uns unser Leben ohne sie nur schwer vorstellen können. Entsprechend schwer fällt das Verständnis für vollständige oder auch nur für funktionale Analphabeten (von denen doch mehr unter uns leben, als die allgemeine Schulpflicht vermuten ließe).

Auch die Disziplin, die sich mit Sprache beschäftigt, die Sprachwissenschaft oder Linguistik, nimmt die schriftsprachliche Verfasstheit von Sprache als eine pure Selbstverständlichkeit (vgl. *Linell* 1982). Dies hat paradoxerweise eine lange Nicht-Behandlung von Schrift als Schrift zur Folge gehabt (vgl. *Coulmas* 1982). Erst seit den späten siebziger Jahren dieses Jahrhunderts zeichnet sich eine Veränderung dieser Situation ab (vgl. *Ehlich/Coulmas/Graefen* 1996; *Günther/Ludwig* 1994, 1996).

Die Unterstellung der Selbstverständlichkeit der schriftlichen Verfasstheit von Sprache hat in mehrfacher Weise eigenartige Verkürzungen, Gleichsetzungen und unangemessene Vereinfachungen zur Folge. Diese wirken sich unmittelbar bis in alle Bereiche etwa des Schreibunterrichts hin aus. So findet sich eine landläufige Verwechslung von Laut und Buchstabe – eine Verwechslung, die auf eine höchst ehrbare Ahnenreihe zurückblicken kann. Einer der bedeutendsten Grammatiker des 19. Jahrhunderts, der Vater der germanistischen Sprachwissenschaft, *Jakob Grimm*, behandelte etwa in seiner „Deutschen Grammatik" (*Grimm* 1819) die Lautlehre unter der Überschrift „Von den Buchstaben" (vgl. dazu differenzierend *Kohrt* 1985). Bereits die älteste wissenschaftliche Beschäftigung mit Sprache in der westlichen Welt, die griechische, wurde unter der Überschrift einer „techné grammatiké" versammelt – eben unsere heutige „Grammatik". „Grammatiké" bedeutet aber nichts anderes als „auf die Buchstaben bezogen", „schriftlich". Grammatik also ist Schrift-Linguistik, und dies bis heute.

Die Leichtigkeit, mit der die meisten Kinder die Beherrschung der Schrift erwerben, ist ein erstaunliches Phänomen. Sie trägt zu jener Selbstverständlichkeit offensichtlich erheblich bei. Der Umstand, dass das herrschende Schriftsystem in seinen Grundzügen in mehreren Monaten, ja, Wochen erworben werden kann, ist eine offensichtlich zumutbare Form der akzelerierten gesellschaftlichen Wissensübertragung. Was in frühen Schriftkulturen das Spezialistenwissen weniger Fachleute war, der „Schreiber" in Ägypten, Sumer, Israel und anderen Gesellschaften des Alten Orients, ist allgemeine, den Kindern in frühester Zeit vermittelbare Kulturtechnik geworden.

Zwei der vielen merkwürdigen Konsequenzen jener Gleichsetzung von Sprache, schriftlich verfasster Sprache und Schrift in unserem alltäglichen wie in unserem wissenschaftlichen Wissen von Sprache verdienen besondere Hervorhebung: Einerseits ist es die Fixierung auf den Buchstaben und nur auf ihn, die die Sprachkonzeptionen bestimmt; andererseits – und als Konsequenz davon – wird auch die Schrift selbst in den Kategorien gedacht, die die vorderorientalisch-europäische Schriftstruktur vorgibt. Es ist also eine spezifische ethnozentrische Sichtweise, könnte man sagen, mittels derer Schrift und konsequenterweise Sprache konzeptualisiert wird. Dies wird exemplarisch deutlich, wenn weltweit – also auch in bezug auf den chinesischen Schriftkreis zum Beispiel – von „Literalität" und „Analphabetismus" gesprochen wird: Die Beherrschung und Nutzung von Schrift wird mit einem Ausdruck bezeichnet, der die „littera", den „Buchstaben", zur Grundlage hat; die Bezeichnung von individueller Nichtbeherrschung von Schrift nützt die Benennung der Buchstabenreihe, eben der ersten beiden Buchstaben „alpha" und „beta". Beides macht für die Beherrschung und Benutzung chinesischer Schriftzeichen wenig Sinn. Konsequenterweise wird im Chinesischen von „Schriftblindheit" gesprochen (vgl. *Fu* 1997).

Die selbstverständliche Voraussetzung der schriftlichen Verfasstheit von Sprache bei deren wissenschaftlicher Untersuchung hat also eine Reihe von Konsequenzen, die der Erkenntnis des Gegenstandes Sprache nicht förderlich sind, die aber auch der Erkenntnis des Gegenstandes Schrift hinderlich im Wege gestanden haben und stehen – geschweige denn, dass eine Untersuchung der Funktion und Struktur schriftlicher (vgl. *Ehlich* 1994) wie mündlicher Kommunikation systematisch in Gang gekommen wäre.

2. Schriftform, Graphetik, Graphemik

Die Analogisierung von Phonetik und Phonologie

Sind einmal einige der selbstverständlichen Gleichsetzungen als problematisch erkannt, also etwa die Gleichsetzung von Buchstabe und Laut, von Orthographie und Schreibung, von *Graphie* (vgl. unten), so sieht sich die Linguistik vor die Aufgabe gestellt, geeignete Kategorien zu finden, um die Eigenheiten von Schrift bestimmen und erfassen zu können. Diese Aufgabe ist bisher nur unzureichend bearbeitet worden. Diese These soll im Folgenden an einem wichtigen Teilaspekt, nämlich dem der *Schriftform*, näher erläutert werden.

Das Bemühen der Sprachwissenschaft seit dem Beginn dieses Jahrhunderts, eine genauere Erfassung der lautlichen Dimension von Sprache zu erarbeiten, hat zur Unterscheidung von *Phonetik* und *Phonologie* geführt. Diese vor allem von *Trubetzkoy* (1958) systematisierte Distinktion hat sich als folgenreich und vergleichsweise haltbar herausgestellt. Als linguistisch zentral erwies sich dabei die Phonologie. Die Phonetik hingegen wurde für die Sprachwissenschaft eher als eine Ansammlung von Hilfswissenschaften bestimmt, die es mit der Physikalität (akustische Phonetik) bzw. Physiologizität (artikulatorische, auditive Phonetik) des Lautes und der Lautverbindung zu tun haben (dagegen *Tillmann/ Günther* 1986). Die Phonologie hingegen ist die Lehre von der systematischen

Struktur lautlicher Sprachzeichen. Sie rekonstruiert die Lautsysteme unterschiedlicher Sprachen und ihre Funktionalität für die Bedeutungsbezeichnung. Eine bedeutungsunterscheidende lautliche Einheit wird als *Phonem* bestimmt. Die Phoneme sind durch distinktive Merkmale voneinander unterschieden. Phonemunterschiede können neutralisiert werden (*Archiphonem*). Die Phonemsysteme der Sprachen lassen unterschiedliche *Strukturtypen* erkennen.

Die wissenschaftlich erfolgreiche Unterscheidung von Phonetik und Phonologie ist unter anderem von *Piirainen* (1968), *Fleischer* (1965), *McLaughlin* (1963) und *Althaus* (1980a/1980b) als Konzeptualisierungshilfe für die Schrift genutzt worden. Im Ergebnis führte diese Herangehensweise zum Versuch einer Parallelisierung von Phonetik und Graphetik einerseits, von Phonologie und Graphemik andererseits.

Dass der Ausdruck *Graphemik* hier Verwendung findet und nicht der Ausdruck *Graphologie*, hat zwei Hintergründe: Die Wortbildung auf „-emik" war in der Rezeption der europäischen Phonologie durch den amerikanischen distributionellen Strukturalismus oder kurz Distributionalismus an die Stelle der Bildung auf „-logie" getreten. Sie ist eine sekundäre Ableitung von Ausdrücken auf „-em", also hier konkret von „Phonem". Dieser Kunstausdruck verdankte sich den theoretischen Ableitungszusammenhängen der neuen wissenschaftlichen Disziplin „Phonologie". Die nominale Ableitung „Phonemik" beginnt also sozusagen in der ersten Etage – ohne Erdgeschoss, um dieses dann ersatzweise nachzuliefern. Diese etwas eigenartige Struktur ist für die Distributionalisten ebenso gut motiviert, wie sie verräterisch ist. Denn das Bemühen dieser Stru-

kuralisten war die durchgehende Eliminierung der Sinndimension von Sprache, hier also der Bedeutung: Es sollten Strukturelemente in ihrer Verteilung, ihrer Distribution, beschrieben werden. Der in „-logie" erkennbare Bezug auf die Funktionalität bei *Trubetzkoy* war also ähnlich störend wie die Bedeutung an allen anderen Stellen einer „meaning-free" konzipierten Linguistik. Die Eliminierung des Sinnes aber war nicht wirklich zu bewerkstelligen; stattdessen wurden die Sinnbezüge lediglich verdrängt – etwa in die Korrektheitsurteile eines native speaker oder, im vorliegenden Fall, in die gegen ihre Ableitung isolierten Resultate der Forschungsgeschichte im „Phonem".

Bei der Übertragung auf den Schriftbereich lag das Reden von „Graphem" und der dazugehörigen Disziplin „Graphemik" umso näher, als durch den analoghaften Bezug auf die Phonologie die Frage der „Bedeutung" relativ fern lag.

Ein zweiter Hinderungsgrund für die systematische Verwendung des Ausdrucks „Graphologie" lag darin, dass dieser in der Psychologie und in deren Popularisierung bereits „belegt" war, nämlich zur Bezeichnung einer ausdruckspsychologischen Teildisziplin, die versucht, aus den Formcharakteristika individueller Schriften auf individuelle psychische und sonstige Eigenschaften zu schließen. Etwa in den Arbeiten von *Klages* ist dies zu einer ganzen Weltanschauung weiterentwickelt worden. Eine solche Individualgraphologie erfreut sich weiterhin eines großen Interesses zum Zwecke etwa der „menschenführerlichen" Diagnostik und Wertbestimmung menschlicher Arbeitskraft. Zugleich ist sie aufgrund der problematischen Verlässlichkeit ihrer praktischen Ergebnisse und der bekannten Konsequenzen ihrer theoretischen Grundlegungen weithin diskreditiert.

Es scheint mir durchaus sinnvoll zu sein, den Ausdruck Graphologie aus diesen Kontexten zu lösen und ihn statt des Ausdrucks Graphemik entsprechend dem Ausdruck Phonologie zu nutzen; doch soll dies im Folgenden nicht weiter thematisiert werden. Wenn stattdessen von Graphemik gesprochen wird, dann im Sinn einer solchen nicht-individualisierenden Graphologie und ohne die distributionalistisch sinn-denunzierende Komponente.

Es ergibt sich also die in Abbildung 1 dargestellte Parallelität. Bei *Althaus* (1980a, 142) heißt es entsprechend:

„Graphemik ist die Wissenschaft von den distinktiven graphischen Elementen der geschriebenen Sprache, von ihren Relationen, Systemen und Funktionen. Ihr entspricht die Phonemik als die Wissenschaft von den distinktiven phonischen Elementen der gesprochenen Sprache".

Phonetik	Phonologie	Phoneme
	(Phonemik)	
Graphetik	Graphemik	Grapheme
	(Graphologie)	

Abb. 1

Es entsteht eine klare Symmetrie, die zudem weiter darüber abgesichert ist, dass die Graphemik und ihr Grundelement, das Graphem, in ein Mehrebenenmodell unproblematisch eingepasst wird, das, in Abbildung 2 wiedergegeben, Forschungsprogramm für die ersten Dezennien der zweiten Hälfte unseres Jahrhunderts war und in *Pikes* „Language in Re-

lation to a Unified Theory of the Structure of Human Behavior" (1967) einen bedeutenden Abschluss fand und etwa in der Kulturemtheorie von *Oksaar* (1988) weiterverfolgt wurde.

Phonologie/(Phonemik)	Phonem
Graphemik	Graphem
Morphologie	Morphem
Semasiologie	Semem
Textologie	Textem
Verhaltenslehre	*behavioreme*
Kulturologie	Kulturem

Abb. 2

Dieses Modell folgt im Wesentlichen einem traditionellen grammatisch-lexikographischen Paradigma. Die genaue Parallelität, wie sie Abbildung 1 darstellt, sieht es als zentrale Aufgabe der Graphemik an, das Verhältnis zwischen Lauten bzw. Phonemen und Buchstaben bzw. Graphemen zu bestimmen. Meist wird damit zugleich und zusätzlich die Frage der Orthographie ins Spiel gebracht. Dies geht an der faktischen Schriftentwicklung weitgehend vorbei. Die orthographischen Regelungen sind das Ergebnis expliziter Normierungsprozesse (vgl. *Stetter* 1994, *Kohrt* 1987), wie sie für den deutschen Sprachraum als ganzen erst durch die beiden orthographischen Konferenzen nach der Reichsgründung verbindlich vorgenommen wurden und gegenwärtig wieder anders vorgenommen werden.[*] Jahrhunderte vorher gab es Schreibungen des Deutschen, ohne dass eine Orthographie existiert hätte. Diese ist vielmehr das Resultat einer bereits weitgehend konsolidierten und verallgemeinerten Schreibtradition. Im Unterschied von der Orthographie heiße diese nicht extern und explizit geregelte Schreibweise *Graphie*. Es gibt also Graphien durchaus ohne Orthographie. Anspruchsvollere Analysen solcher Graphien an einzelnen Dokumentengruppen wie die von *Piirainen* (1968) haben gerade hier ihren Ausgangspunkt genommen und dafür im Konzept des Graphems eine nichtorthographische Konzeptualisierung für das Schreiben gefunden.

Graphemik als Theorie von Schriftform

Gleichwohl steht bei der Parallelisierung von Phonetik und Phonologie einerseits, Graphetik und Graphemik andererseits im Mittelpunkt des theoretischen Interesses die Zuordnungsrelation von lautlichen Einheiten und graphischen Einheiten. Diese Parallelisierung als Grundfigur ist meines Erachtens in doppelter Weise problematisch. Zunächst ist sie *ethnozentrisch*. Das heißt, wir setzen voraus, dass das System, das wir im Gebrauch haben, das allgemeine ist. Es gibt aber ganz andere Systeme, zum Beispiel das – gleichfalls von vielen Menschen gebrauchte – der chinesischen Schrift. Diese Parallelisierung ist also eine undifferenzierte Sichtweise. Zum anderen ist sie *analogisierend*. Innerhalb der Linguistik wird sozusagen der große Erkenntnisgewinn, der mit der Herausbildung der Unterscheidung einer Phonologie von der Phonetik erreicht wurde, analoghaft übertragen. Diese Bewegung kennzeichnet die in Abbildung 2 dargestellten wissenschaftlichen Disziplinen und wissenschaftlichen Objekte insgesamt. Meines Erachtens sind diese Verfahrensweisen also weithin analoghafte Übertragungen. Die Terminologisierung ist Ausdruck eines Teilhabeversuches am Nutzen dessen, was in der Phonologie mit einem ziemlichen Erfolg erreicht worden war. Analogien haben immer etwas Wahres, sonst kämen sie nicht zustande. Sie haben aber normalerweise auch viel Falsches.

Betrachten wir diese zwei Aspekte etwas genauer; zunächst den geheimen *Ethnozentrismus*. Sprachliche Zeichen sind, so die systematisierte Erkenntnis des Schweizer Linguisten *de Saussure* vom Beginn des Jahrhunderts bzw. seiner „Schule", gekennzeichnet durch ihre Doppelheit: durch eine Lautstruktur und eine „Bedeutungs"struktur. Beides wird hinsichtlich der Entwicklung von Schriftsystemen für die Fundierung genutzt. Es finden sich Schriftsysteme, die sozusagen die Lautstruktur zentral stellen (die Mehrzahl der semitischen Schriftsysteme, das Griechische, das Lateinische und alle seine Nachfolgesysteme, also etwa das Deutsche). Es finden sich aber auch Schriftsysteme, die sozusagen an der „Bedeutungs"seite anknüpfen (insbesondere das sumerische System, das System der ägyptischen Hieroglyphen und unter den heutigen Schriftsystemen das mit der größten Kontinuität und Verbreitung im Osten, das chinesische).

Die Kennzeichen eines Systemtyps sind darüber hinaus im Allgemeinen nicht rein erhalten; vielmehr finden sich ausgleichende Bewegungen, durch die von der „Bedeutungs"struktur ausgehende Systemstrukturelemente in lautstrukturbasierte eingeführt werden – etwa das System der Ziffern zur Wiedergabe der Zahlen oder weitverbreitete Sonderzeichen wie „&", „§", „$" oder neuerdings „@". Betrachten wir dies am Beispiel des Zeichens „2". In ihm ist in keiner Weise eine spezifische Aussprache enkodiert. Ob wir dieses Zeichen wie deutsch als „zwei", französisch als „deux", niederländisch als „twee", hebräisch als „schnayim" (mask.) oder „schtayim" (fem.) oder italienisch als „due" lesen – dafür erhalten wir im schriftlichen Zeichen „2" keinerlei Hinweis, genauso wenig wie ein einzelnes chinesisches Elmentarzeichen eine Information darüber gibt, wie es auszusprechen ist.

Umgekehrt findet sich eine Bewegung der Einführung einer Lautstrukturcharakteristik in Systemen wie dem sumerischen (spätestestens beim Übergang zum Akkadischen) oder im chinesischen (spätestens bei der Nutzung der japanischen Weiterentwicklung).

Wir stehen also insgesamt vor einem sehr viel komplexeren Bild, als es die lautbasierte Graphemik nahelegt.

Was bedeutet dies in Bezug auf das Verhältnis von Phonetik und Phonologie zueinander, und welche Konsequenzen ergeben sich daraus für das Begriffspaar Graphetik und Graphemik? Charakteristisch für die Phonologie ist, dass in ihr strukturelle Kennzeichen erhoben werden, die es in ihrem systematischen Zusammenhang zu bestimmen gilt. Die Phonetik hingegen analysiert Produktion, Transmission und Rezeption des Lautlichen. Sie hat es also mit einem Ensemble physikalisch-physiologischer Materialität zu tun. Diese wird bei der Ausbildung von Sprache genutzt. Genauer: sie wird funktionalisiert für spezifische sprachliche Zwecke. Die Umsetzung der Materialität in funktional bestimmte Struktur ergibt ein jeweiliges System, eben das Lautsystem der jeweiligen Sprache (wobei auch hier der Ausdruck „Lautsystem" verkürzend ist, weil er seinerseits eine Restriktion auf den Einzellaut nahelegt).

In einem längeren wissenschaftsgeschichtlichen Prozess (s. die differenzierte Rekonstruktion bei *Kohrt* 1985) wurde Distinktivität, das heißt die bedeutungsunterscheidende Qualifikation, als ein entscheidendes Kriterium für diese Umsetzung von Materialität in sprachliche Struktur identifiziert. Das Ergebnis sind unterschiedliche Systeme, die sich wiederum typologisch differenzieren und erfassen lassen (s. *Trubetzkoy* 1958).

Versucht man nun, diese Erkenntnisse nicht einfach als Analogie, sondern im strengen Sinn als Anleitung für die Erforschung von Schriftstruktur zu nutzen, so ergibt sich eine etwas andere Systematisierung, als sie sich in der Unterscheidung von Graphetik vs. Graphemik herausgebildet hat. Diese Unterscheidung, die sich zu einer kaum mehr verfolgbaren terminologischen und sachlichen Einzelvielfalt aufgefächert hat, bleibt weiterhin noch immer präsuppositionell – also von ihren stillschweigenden Voraussetzungen her – in ein Buchstabenkonzept eingebunden, das der alten aristotelischen Grundkonzeption folgt: Buchstabe ist Lautwiedergabe. Es entsteht so eine analoghafte Parallelisierung, in der die Graphemik die Aufgabe erhält, Laut-Buchstaben-Beziehungen zu erfassen.

Die Aufstellung von Laut-Buchstaben-Korrespondenzen nimmt einen ähnlichen Stellenwert ein wie die Analyse der Bedeutungsdistinktion für das phonologische System. Eigenschaften der Buchstabenform werden so zur Materialität, die Gegenstand der Graphetik sind. Bezogen auf das einzelne System von Graphien in der Schriftform einer spezifischen Sprache charakterisiert die Graphemik dann die spezifische, letztlich phonembezogene Auswahl, die dieser Sprache eignet.

Dabei ist ersichtlich immer schon vorausgesetzt, dass es schriftbezogene als lautbezogene Form gibt. Zudem wird der Systematisierungsanspruch der Graphemik, wie gesagt, stark von *orthographischen* Fragestellungen überformt, die freilich ein Gegenstand eigener Art sind (vgl. *Kohrt* 1987, *Maas* 1992).

Für eine präzisere Bestimmung der schriftbezogenen Verhältnisse als einer eigenständigen Gruppe menschlicher Erzeugung sind aber gerade diese beiden Voraussetzungen – lässt man sie denn als solche unhinterfragt in Kraft – problematisch.

Schrift selbst als genuine Hervorbringung des menschlichen Geistes hat ihre eigenen physiologischen, physikalischen und psychologischen Grundvoraussetzungen ganz so wie die lautliche Sprache, nur eben nicht im akustischen, sondern im optischen (und – eingeschränkt – im taktilen) Bereich. Eine *Graphetik*, die sich der Erkenntnisse der Phonetik spezifisch bedient und von ihnen methodologisch anleiten lässt, hat zur Aufgabe, eben diese materialen Voraussetzungen von Schrift zu rekonstruieren (s. *Günther* 1993, bes. S. 35 (allgemeine Graphetik)). Dass dies zu sehr interessanten Ergebnissen führt, ist etwa in den Arbeiten von *Mai* und *Marquardt* (vgl. den Artikel in diesem Band, s. S. 83 ff.) deutlich zu erkennen.

Die Aufgabe einer *Graphemik* hingegen ist in diesem Sinn eben die Rekonstruktion der funktionsbestimmten Nutzung jener graphetisch-materialen Voraussetzungen zum Zweck der Herstellung eines Sprach-Repräsentationssystems. Ergebnis einer solchen graphemischen Analyse ist eine Theorie von *Schriftform*. Sie lässt sich wahrscheinlich in einem engeren Sinn als spezifische semiotische Disziplin interpretieren, ein Aspekt, der hier freilich nicht weiter zu verfolgen ist. Es geht also darum, die Funktionalisierbarkeit und Funktionalisierung der Objekte der Graphetik für die Herstellung von Struktur zu beschreiben. Diese Struktur nun ist nicht das, was herkömmlich (im Sinn der hauptsächlichen Verwendung) als „Grapheme" erfasst wurde; vielmehr steht im Mittelpunkt die Formstruktur als systematische Struktur eigener Art und ihre Erzeugung. Die Inanspruchnahme dieser so erzeugten systematischen Struktur für die Zwecke der Umsetzung, der Markierung etwa phonologischer Objekte, ist davon systematisch zu scheiden. Die Analyse der zuletzt genannten Zusammenhänge, die man etwa als *Phono-Graphologie* oder Grapho-Phonologie bezeichnen könnte, bietet erst die Möglichkeit dafür, das, was abkürzend Phonem-Graphem-Korrespondenz heißt, überhaupt systematisch zu behandeln. Um zudem den oben beschriebenen Ethnozentrismus zu vermeiden, also die selbstverständliche Voraussetzung des westlichen Alphabetsystems in der theoretischen Beschreibung von Schrift, ist für andere Schriftsysteme nicht eine Phono-Graphologie zu entwickeln, sondern eine *„Ideo-Graphologie"*, um sozusagen den „Start" bei den Bedeutungsaspekten von Sprache für diese Verhältnisherstellung von lautlicher Sprache und ihrer visuellen Umsetzung angemessen zu thematisieren.

Es ginge also darum, die Systematik der verschiedenen Schriftform-Strukturen angemessen zu erfassen und deren Systemcharakter jeweils in seiner inneren Eigenart zu beschreiben und zu verstehen.

Interkultureller Schriftkontakt und Schrifterlernung
Diese Aufgabe wird um so wichtiger, als die vielfältigen Kontakte über abgegrenzte Kulturräume hinaus auch Menschen mit unterschiedlichen Schriftsystemen in einen engeren Zusammenhang miteinander bringen.
Dieser interkulturelle Schriftkontakt betrifft nicht allein die jeweiligen Schriftsysteme als ganze (vgl. *Glück* 1994), sondern tangiert zunehmend einzelne Schreibende, die zwei oder drei Schriften erwerben und praktizieren – einerseits, weil Schriftsysteme (meist aus sprach- und kulturpolitischen Gründen) sich in

zum Teil schneller Folge abwechseln; andererseits, weil einzelne Lerner und Lernerinnen z.B. durch Migrationsprozesse eine mehrfache Schrifterwerbsbiographie aufweisen (vgl. unten und *Berkemeier* 1997b). (Ein besonders extremes Beispiel für den ersten Fall bildet die Ersetzung des kyrillischen Schriftsystems durch ein lateinisch basiertes in Tschetschenien nach dem Ende der Sowjetunion, das nunmehr durch ein arabisch basiertes abgelöst werden soll.)

3. Zu einigen Grundtypen von Schriftform

Beispiele

Es kann nun hier selbstverständlich nicht darum gehen, eine Graphemik im angesprochenen Sinn im Konkreten vorzuschlagen. Vielmehr werde ich mich darauf beschränken müssen, die unterschiedliche Formcharakteristik durch einige Beispiele zu illustrieren – und zwar nicht deskriptiv, sondern „plakativ". Für *einen* größeren Entwicklungszusammenhang von Schriftformen kann allerdings auf eine systematisch angelegte Untersuchung bereits zurückgegriffen werden: 1994 legte *Herbert E. Brekle* mit seinem Werk „Die Antiqualinie von ca. –1500 bis ca. +1500" (s. *Brekle* 1994a) einen Rekonstruktionsversuch für die Ent-

wicklung dessen vor, was wir heute als unsere lateinische Alphabetschrift kennen.

Die Abbildungen 3–6 geben vier Beispiele aus dem semitischen Schriftenbereich, die alle hinsichtlich der Phono-Graphologie ähnlichen Prinzipien folgen, die aber im Sinn der Graphemik schriftformal zu unterschiedlichsten Architekturen entwickelt sind. Abbildung 3 ist die sogenannte Siloah-Inschrift, eine der ältesten kanaanäischen Inschriften. Abbildung 4 gibt ein Beispiel für die kufische Schrift, eine Schrift zur Wiedergabe der arabischen Sprache. Abbildung 5 ist eine altsüdarabische, sabäische Inschrift. Abbildung 6 schließlich gibt eine noch heute genutzte Schrift wieder, die äthiopische. Die kanaanäische Schrift in Abbildung 3 weist z.B. als Strukturmerkmale auf: eine starke Präsenz von an einer senkrechten Mittelachse orientierten, nach links bzw. rechts in gewissen Winkeln geneigten senkrechten Strichen (man nennt sie „Hasta", nach dem lateinischen Wort „hasta", „Speer, Stab"), die nach unten bzw. oben leicht abgebogen werden, oder die Nutzung dieser Hasta-Struktur als Zeichenelement, an das sich nach rechts oder links waagerechte Striche (Coda, von lat. „cauda, coda", „Schwanz, Anhängsel") anschließen.

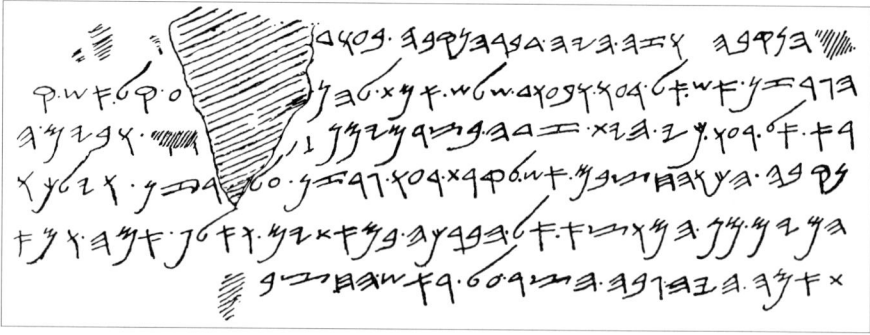

Abb. 3: Die Siloah-Inschrift (ca. 700 v. Chr.) nach Jensen (1969), Abb. 255

ححُكسٍ دالِكحَكحَ احُلاحُكسٍ

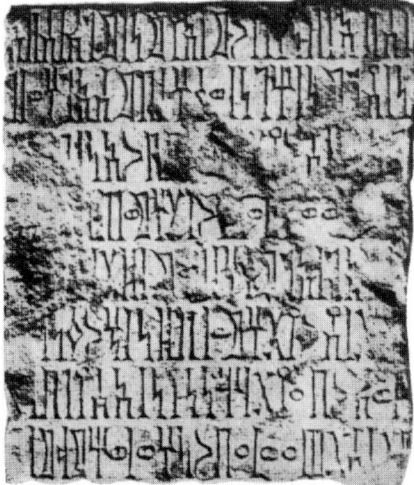

Abb. 4: Kufische Inschrift (691/692 n. Chr.) nach Jensen (1969), Abb. 299

Abb. 5: Sabäische Inschrift nach Jensen (1969), Abb. 326

Demgegenüber zeigt die kufische Schrift (Abb. 4) mit ihrem teilweise kursiven Charakter eine ausgesprochene Grundlinienorientierung und zugleich die systematische Nutzung der Kreisform. Ganz anders – wenngleich auch, wie die kufische, als Monumentalschrift verwendet – ist die sabäische Inschrift (Abb. 5). Hier sind auf ein Rechteck als Grundfi-

> እስመ ፡ ከመዝ ፡ አፍቀר ፡ እግዚአብሔር ፡
> ለዓለም ፡ እስከ ፡ ወልዶ ፡ ዋሕደ ፡ ወሀበ ፡ ቦ.ዝ ፡
> ከመ ፡ ኩሉ ፡ ዘየአምን ፡ ቦቱ ፡ ኢ.ይትሐጕል ፡
> አላ ፡ ይረክብ ፡ ሐይወተ ፡ ዘለዓለም ∷ 1914

Abb. 6: Moderne äthiopische Druckschrift (Joh. 3,16) nach Jensen (1969), Abb. 330

gur bezogene Strukturen kennzeichnend, dessen Basis die kürzere Rechteckseite bildet. Die äthiopische Schrift (Abb. 6) ist durch die Nutzung wiederum eines ganz anderen Prinzips gekennzeichnet: Einer jeweiligen Grundform schließen sich graphische Affixe an. Diese werden zur Wiedergabe des Vokalismus eingesetzt. Am Beispiel der Zeichen für <b> und <t> ist dieses Verfahren im Einzelnen nachvollziehbar (Abb. 7).

Lautwert	Konsonant						
	$+ \breve{a}$	$+ u$	$+ i$	$+ \bar{a}$	$+ \bar{e}$	$+ \breve{e}$ od. vokallos	$+ \bar{o}$
b	በ	ቡ	ቢ	ባ	ቤ	ብ	ቦ
t	ተ	ቱ	ቲ	ታ	ቴ	ት	ቶ

Abb. 7: Die Buchstaben für <b> und <t> mit ihren Vokalaffixen nach Jensen (1969), Abb. 328, Ausschnitt

Auf der Grundlage der klassischen römischen Kapitalis (Abb. 8) kann *Brekle* (1994) dann etwa die folgenden Charakterisierungen vornehmen:
- „Deutliche Ausprägung des Symmetrieprinzips (grundsätzlich vertikalachsial) bei A, M, O, T, V, X"
- „definitive Festlegung des Hasta+Coda-Prinzips mit Rektangularität ... bei B, D, E, F, L, P, R ..."
- „Zweilinienschema"
- unterschiedliche Strichstärke
- Serifen.

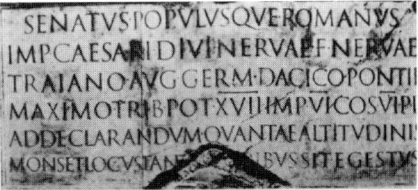

Abb. 8: Römische capitalis: Ausschnitt von der Trajansäulen-Inschrift (113 n. Chr.) (nach Brekle (1994, 148))

119

Die graphemischen Strukturen werden besonders deutlich durch eine Reihe von Experiment-Verfahren, wie sie *Kolers* (vgl. *Kolers* 1983) durchgeführt hat. Für den Versuch, die Lesbarkeit von Schriften über die Informationsdichte zu ermitteln, die die Schriftform in der unterschiedlichen Nutzung des jeweiligen, für den einzelnen Buchstaben zur Verfügung stehenden Grundraumes enthält, hat er Buchstaben sozusagen „halbiert". Dabei zeigt sich eine unterschiedliche Informationsdichte etwa auf der „rechten" bzw. „linken" Seite der Buchstaben, wie der Vergleich von Abbildung 9 und 10 verdeutlicht.

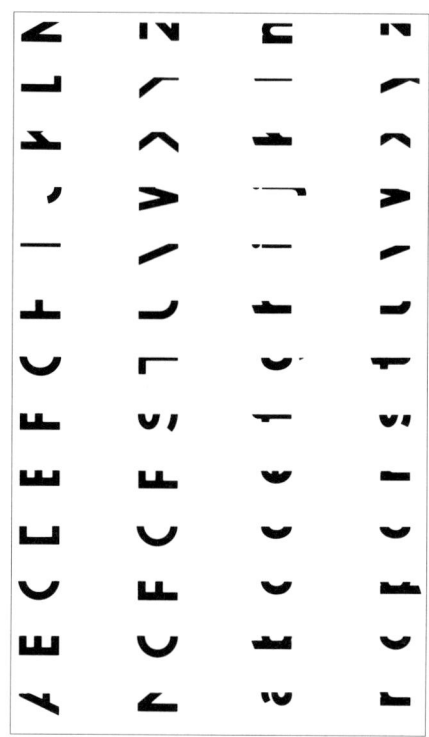

Abb. 10: „Halbierte" lateinische Buchstaben nach Kolers (1983, 374): Linke Hälften

Noch klarer sind diese Unterschiede für die hebräische „Quadratschrift" (vgl. *Ehlich* 1989): Nimmt man eine entsprechende „Halbierung" von deren Buchstabenformen vor, wird deutlich, dass hier in der Summe die Informationsdichte durch die rechte Hälfte des zugrundeliegenden Quadrats (vgl. Abb. 11a und 11b, mit Ausfüllung für den kleinsten hebräischen Buchstaben, das Jod) erreicht wird, wie der Vergleich von Abb. 12 (rechte Hälfte) vs. Abb. 13 (linke Hälfte) verdeutlicht.

Solche graphemischen Strukturmerkmale wurden bereits in den 20er Jahren dieses Jahrhunderts genutzt, um einen systematischen Schriftaufbau aus eini-

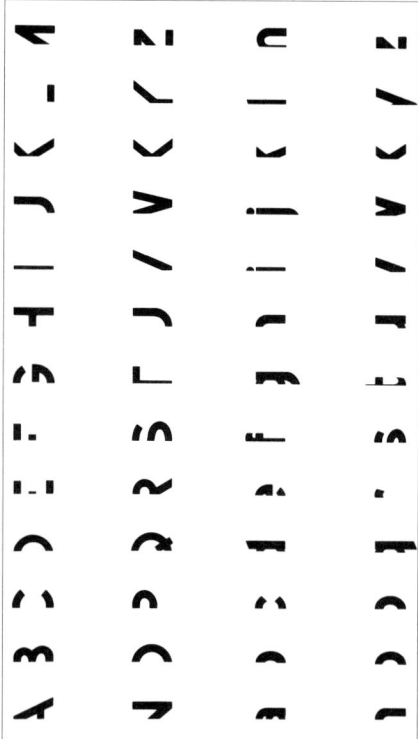

Abb. 9: „Halbierte" lateinische Buchstaben nach Kolers (1983, 375): Rechte Hälften

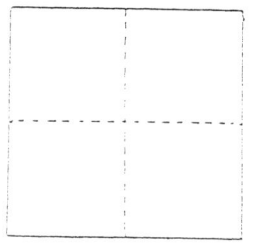

Abb. 11a: Das Quadrat der hebräischen Quadratschrift (nach Ehlich 1989)

Abb. 11b: Das Quadrat der hebräischen Quadratschrift mit Einfüllung des Buchstabens Jod (nach Ehlich 1989)

Abb. 12: „Halbierte" hebräische Buchstaben nach Ehlich (1989): Rechte Hälften

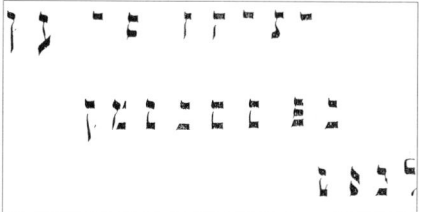

Abb. 13: „Halbierte" hebräische Buchstaben nach Ehlich (1989): Linke Hälften

gen wenigen Grundelementen zu bewerkstelligen – ein Verfahren, das heute innerhalb der Erzeugung von digital gesteuerten Graphemen eine große Rolle spielt (vgl. *Holenstein* 1983 und die von ihm angeführten Beispiele in Abb. 14a und b *(Albers* 1926) und 15).

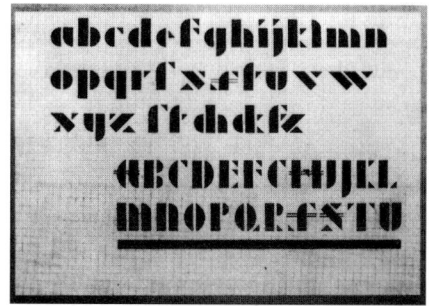

Abb. 14a: Die Alberssche (1926) geometrische Schrift, nach Holenstein (1983, 54)

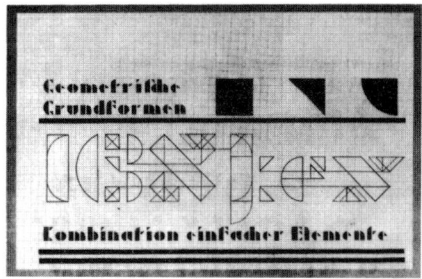

Abb. 14b: Die Grundformen der Albersschen (1926) geometrischen Schrift, nach Holenstein (1983, 54)

Weiterungen der strukturellen Schriftform-Analyse

Eine besondere Ausprägung findet die graphemische Strukturierung in dem, was man eine *Generationenschrift* nennen könnte: Durch im Einzelnen bisher nicht rekonstruierte Sozialisations- und Schreiberwerbserfahrungen finden sich offensichtlich für einzelne Gruppen

121

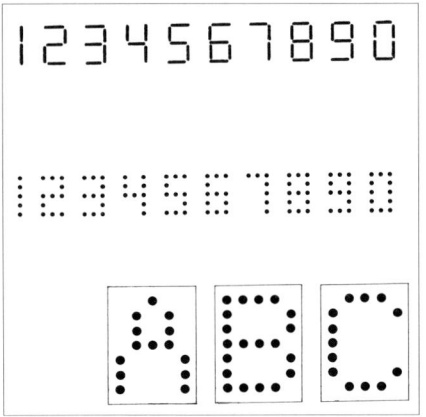

Abb. 15: „Illuminated letters", nach Holenstein (1983, 58)

gleichaltriger Schreiber und Schreiberinnen charakteristische Formmerkmale, die sich in der Unterschiedlichkeit der Einzelhandschriften formbildend durchsetzen. Dazu gehört etwa eine überzufällige Verteilung von Rechts- bzw. Linksneigung der Hasten ebenso wie die unterschiedliche Nutzung des Kreiselementes für die entsprechenden Minuskeln. Eine systematische Erfassung derartiger Schriftformcharakteristika ist meines Wissens für die jüngeren Schriftzustände, d.h. für die Korpussituation unter den Bedingungen der Massenalphabetisierung, bisher nicht erfolgt. Datensammlungen, wie sie etwa *Otto Ludwig* in Hannover für seine Geschichte des Schulaufsatzes zusammengestellt hat, könnten hierfür ausgewertet werden.

Auch *nationalspezifische graphemische* Strukturen sind in diesem Zusammenhang zu beschreiben. Der Konnex zur Massenalphabetisierung ist dabei unmittelbar deutlich. Es ergibt sich hierüber eine spezifische Form von graphemischer Indexikalität – in dem Sinne, dass durch derartige graphemische Charakteristika eine ähnliche Mitglied-

schaftszuweisung auf der Basis des jeweiligen graphemischen Grundsystems entsteht, wie sie sprachsoziologisch für die Phonologie in verschiedenen Dimensionen der lautlichen Sprachseite auszumachen ist.

Die sicher reichste Forschungstradition zur Thematik der Schriftform bietet die *Paläographie* in ihren unterschiedlichen Ausprägungen. Sie, die ihre Funktion vor allen Dingen als Hilfswissenschaft für die historische Quellenkunde versteht, hat freilich den Kontakt zur linguistischen Theoriebildung bisher nur in vergleichsweise geringem Umfang gesucht.

4. Beschreibungsraster für Schriftformen

Eines der dringendsten Desiderate für die systematische Entwicklung einer Schriftformanalyse ist die Entwicklung eines *Beschreibungsrasters*. Hierzu finden sich unterschiedliche Vorarbeiten, insbesondere in den typographischen Berechnungen, etwa den Konzepten *Bodonis* (vgl. *Brekle* 1994c). Doch sind diese Beschreibungen einerseits ästhetischen, andererseits drucktechnischen Zielsetzungen verpflichtet. Ein systematisch orientierter Kategorisierungsansatz findet sich in Ansätzen hingegen (dort frei-

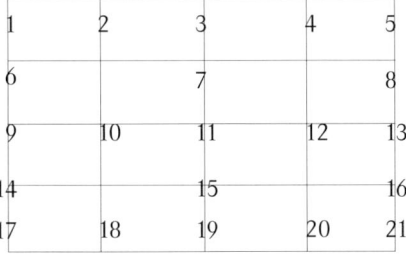

Abb. 16: Bhatts (1988) Beschreibungsraster, nach Berkemeier (1997a, 245)

122

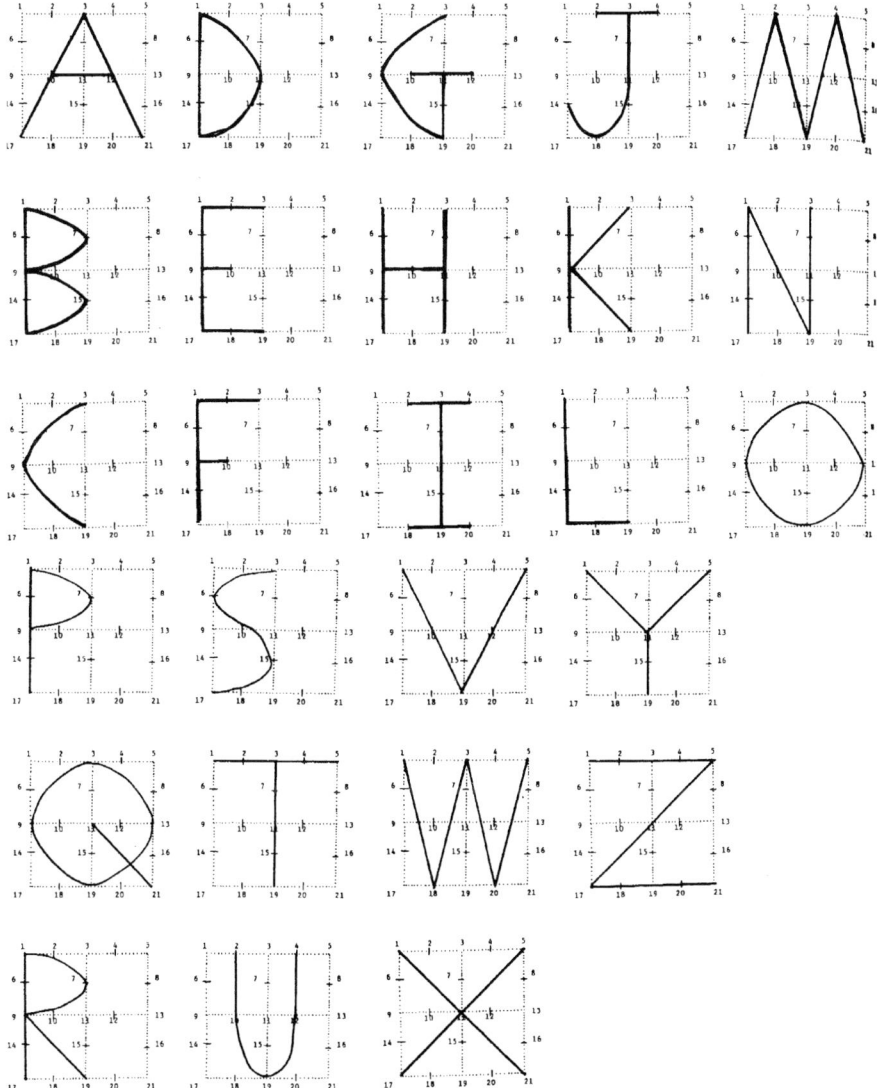

Abb. 17: Bhatts (1988) Raster in der Anwendung auf lateinische Majuskeln, nach Berke-meier (1997a, 246)

lich unter dem Stichwort „Graphetik") bei *Althaus* (1980b). *Bhatt* (1988) geht darüber hinaus und entwickelt ein eigenes Beschreibungsraster, das einer Rastererfassung etwa des lateinischen

Majuskel-Alphabetes dienlich ist (s. Abb. 16, 17).

Dieses Verfahren berücksichtigt allerdings die charakteristischen Formenelemente noch nicht hinreichend. *Berkemei-*

123

er (1997a, vgl. 1997b) hat diese Problematik bearbeitet und ein Klassifikationsverfahren entwickelt, das eine detaillierte Beschreibung von Alphabetsystemen ermöglicht. Ihre Untersuchung hat den Zweck, mittels eines solchen Beschreibungsrasters die graphemische Rekonstruktion des lateinischen und des griechischen Alphabetsystems zu ermöglichen, um mit einem solchen Organon die Schrifterwerbsprozesse zweischriftig sozialisierter Kinder zu untersuchen. Abbildung 18 enthält die von *Berkemeier* ausgemachten Strukturelemente.

Abbildung 19 zeigt an einem Beispiel, in welcher signifikanten Weise sich die untersuchten Schriftsysteme in der Nutzung der ihnen gemeinsamen Elemente unterscheiden. Vergleichbare Ergebnisse sind für die Differenzen etwa von Minuskel- und Majuskelvarianten beschrieben.

Wenn es gelingt, die Strukturkennzeichen einzelner graphemischer Systeme in dieser Weise detailliert zu erfassen, so bietet das sowohl für das Verständnis des Aufbaus und der inneren Entwicklung von Schriftsystemen neue, weiterführende Möglichkeiten wie für die Grundlagen der Vermittlung von Schriftsystemen an Lernende.

5. Konsequenzen für den Schrifterwerb und die Schreibdidaktik

Eine Graphemik im hier beschriebenen Sinn versetzt uns in die Lage, besser zu verstehen, was das jeweilige Schriftsystem in seinen Strukturkennzeichen ausmacht. Wir erhalten damit Bewertungskriterien z.B. für die Frage, welche *Ausgangsschrift* zu benutzen ist. Diese Fragestellung (vgl. *Neuhaus-Siemon* 1996) ist diejenige in der Schreibdidaktik, in

---

Einfache Elementarformen

Punkt (P)	
Strich	vertikal (V)
	horizontal (H)
	links oben/rechts unten
	links unten/echts oben
Halbkreis (Hk) Öffnung	nach rechts
	nach links
	nach oben

Zusammengesetzte Elementarformen

Strich mit Bogen (B)
Strich
vertikal

schräggestellt (S)	links oben/rechts unten
	links unten/rechts oben
Bogen	
oben	nach rechts
unten	nach links

Strich mit Kreisbogen (Kb)
(Strich mit Bogen und Halbkreis)
Strich
vertikal

schräggestellt	links oben/rechts unten
	links unten/rechts oben
Kreisbogen	
oben	nach rechts
unten	nach links

Strich mit durchgezogenem Kreisbogen (dKb)

Abb. 18: Strukturelemente für die Beschreibung der griechischen und lateinischen Alphabetschriften: Elementarformenbestimmung Berkemeier (1997a, 252 f.)

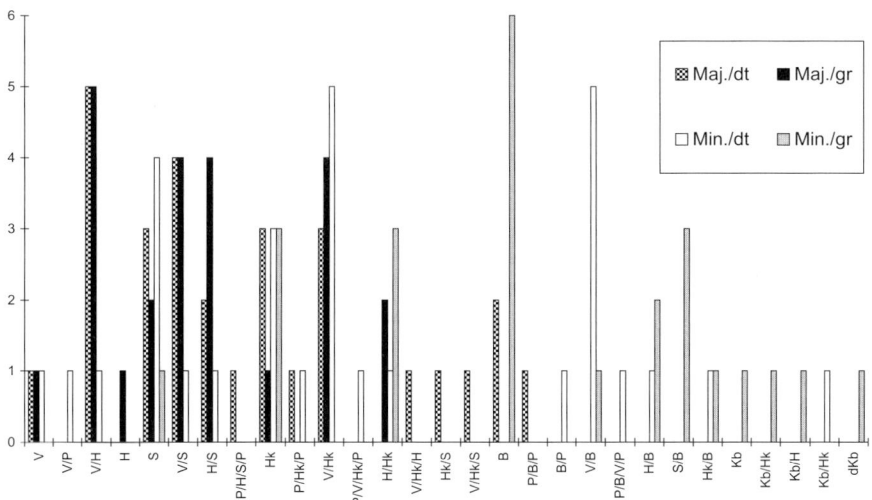

Abb. 19: Häufigkeit der Verwendung der Elementarformen im intergraphematischen Vergleich deutsch/neugriechisch (Majuskeln und Minuskeln beider Schriften), Berkemeier (1997a, 264)

der graphemische Themen ihren direktesten Ort hätten. Allerdings zeigt sich hier eine starke Konzentration auf im eigentlichen Sinn graphetische Fragen wie die erforderliche Schreibmotorik, während die graphemischen dahinter deutlich zurückblieben. Eine systematische Erfassung unterschiedlicher Schriftformen könnte dazu ermutigen, mit verschiedenen Ausgangsschriften systematisch zu experimentieren. Nutzen und Nachteile des Lernbeginns mit Druckschriften im Vergleich zu einer der traditionellen Ausgangsschriften wären vielleicht besser zu bestimmen, und es würde möglich, detailliert zu beschreiben, was eigentlich die Übergänge von einem System zum anderen konkret bedeuten. So erhielte etwa eine schreibdidaktisch so wichtige Frage wie die des Ersteinsatzes von Majuskel- oder Minuskelschriften eine analytische Grundlage.

Zugleich könnte versucht werden herauszuarbeiten, wie *Individualschriften* unter Nutzung der Ressourcen des graphemischen Systems entwickelt werden. Dadurch würde für den didaktischen Prozess ein individualbiographisch sehr wichtiger Lernzusammenhang aus jenem didaktischen Niemandsland herausgenommen, als das sich individueller Schreibunterricht heute häufig noch immer darstellt.

Weiter erhalten wir die Möglichkeit zu einer *interkulturellen* didaktischen Reflexion für Kinder, die aus unterschiedlichen graphemischen Systemen kommen bzw. mit ihnen im Kontakt stehen. Die Lernanforderungen, die sich für einzelne Kinder ergeben, lassen sich im Detail beschreiben und die Fehlerstrukturen präzise diagnostizieren. Dies zeigt die empirisch basierte Arbeit von *Berkemeier* (1997a; vgl. auch *Berkemeier* demn.) auf exemplarische Weise. Abstände von Systemen – etwa zwischen einem lateinisch basierten und dem arabischen – sind genauer zu erfassen, sobald es gelungen ist, ein für die Beschreibungen der ver-

125

schiedenen Schriftformsysteme geeignetes Gesamtinstrumentarium einzusetzen.

Schließlich ergibt sich hier die Möglichkeit, etwas auf neue Weise zu thematisieren, was in der schulischen Situation als ganz diskreditiert erscheint, weil es mit dem obsoleten Stichwort „Schönschreibunterricht" verbunden ist, nämlich, die *Ästhetik* solcher Systeme als eigenständigen Lerngegenstand ernstzunehmen. Dabei wird unter „Ästhetik" nicht die „schöne" Variante von Schriften, also sozusagen eine alltägliche Kalligraphie, verstanden, sondern die *Wahrnehmungslehre*, bezogen auf eines der wichtigsten semiotischen Systeme, mit denen wir alle zu tun haben – und dies schon seit unseren frühesten Jahren.

Schriftform als Erwerbsaufgabe – dies ist faktisch immer schon ein zentraler Bereich des Erstschreibunterrichtes gewesen. Für die didaktische Theoriebildung hat sich das Fehlen einer Graphemik im hier beschriebenen Sinn meines Erachtens bisher als hinderlich erwiesen. Wissenschaftliche Konzepte sind freilich nicht einfach aus dem Nichts zu gewinnen. Erst die Entwicklung der wissenschaftlichen Disziplinen, die sich mit Schrift befassen, führt dazu, auch solche Einzelbereiche wie den hier erörterten zu thematisieren. So mussten die vorliegenden Überlegungen vergleichsweise weit ausholen. Erst die systematische Weiterentwicklung der angesprochenen Fragestellungen wird uns in die Lage versetzen, den „gap" zwischen Lernpraxis und Lerntheorie schließen zu helfen.

Die Theorie der Schriftform ist *ein* Teilbereich des weiten Feldes einer Theorie der Schrift. Schriftform als Erwerbsaufgabe ist *ein* Aspekt des Schrifterwerbs – nicht mehr. Andere Aspekte wie etwa die

Phono- und die Morpho-(phono-)Graphemik sind wahrscheinlich von größerer Wichtigkeit. Gleichwohl: Schriftform als Erwerbsaufgabe ist *auch nicht weniger* als ein Aspekt, und als solcher verdient er eigenständige theoretische Beachtung.

Literatur

Albers, J. (1926) Zur Ökonomie der Schriftreform. In: Offset-Buch- u. Werbekunst. Heft 7. Leipzig: Der Offset-Verlag, 395–397
Althaus, Hans Peter (1980a) Art. „Graphemik". In: *Althaus, Hans Peter/Henne, Helmut/Wiegand, Herbert Ernst* (1980, 2. Aufl.) (Hgg.) Lexikon der Germanistischen Linguistik. Tübingen: Niemeyer, 142–150
Althaus, Hans Peter (1980b) Art. „Graphetik". In: *Althaus, Hans Peter/Henne, Helmut/Wiegand, Herbert Ernst* (1980, 2. Aufl.) (Hgg.) Lexikon der Germanistischen Linguistik. Tübingen: Niemeyer, 138–142
Berkemeier, Anne (1997a) Kognitive Prozesse beim Zweitschrifterwerb. Zweitalphabetisierung griechisch-deutsch-bilingualer Kinder im Deutschen. Frankfurt usw.: Lang (asa 29)
Berkemeier, Anne (1997b) Zweitschrifterwerb. In: *Balhorn, Heiko/Niemann, Heide* (Hgg.) (1997) Sprachen werden Schrift. Mündlichkeit – Schriftlichkeit – Mehrsprachigkeit. Lengwil: Libelle, 263–268 (Jahrbuch 7 der DGLS)
Berkemeier, Anne (demn.) Wäre in Babylon das Lesen und Schreiben gelehrt worden... In: *Kuhs, K./Steinig, W.* (1997) Pfade durch Babylon. Konzepte und Beispiele für den Umgang mit sprachlicher Vielfalt an Schulen. Freiburg
Bhatt, P.M. (1988) Graphic Systems, Phonic Systems and Linguistic Representations. In: *Kerckhove, D./Lumsden, C.J.* (eds.) The Alphabet and the Brain. Berlin: Springer, 106–120
Brekle, Herbert E. (1994a) Die Antiqualinie von ca. -1500 bis ca. +1500. Untersuchungen zur Morphogenese des westlichen Alphabets auf kognitivistischer Basis. Münster: Nodus Publikationen
Brekle, Herbert (1994b) Die Buchstabenformen westlicher Alphabetschriften in ihrer historischen Entwicklung. In: *Günther, Hartmut/Ludwig, Otto* (Hgg.) (1994), 171–204
Brekle, Herbert (1994c) Typographie. In: *Günther, Hartmut/Ludwig, Otto* (Hgg.) (1994), 204–227
Coulmas, Florian (1982) Über Schrift. Frankfurt a.M.: Suhrkamp
Coulmas, Florian/Ehlich, Konrad (eds.) (1983) Writing in Focus. Berlin usw.: Mouton (Trends in Linguistics 24)

Ehlich, Konrad (1989) Graphem-Strukturen. Eine Anwendung der Kolers-Analyse auf die hebräische Quadratschrift. In: *Riemenschneider, Hartmut* (Hg.) (1989) Festgabe Walter Israel. Dortmund: mimeo

Ehlich, Konrad (1994) Funktion und Struktur schriftlicher Kommunikation. In: *Günther, Hartmut/Ludwig, Otto* (Hgg.) (1994), 18–41

Ehlich, Konrad/Coulmas, Florian/Graefen, Gabriele (eds.) (1996) A Bibliography on Writing and Written Language. Berlin/New York: Mouton de Gruyter (Trends in Linguistics 89)

Fleischer, Wolfgang (1965) Zum Verhältnis von Phonem und Graphem bei der Herausbildung der neuhochdeutschen Schriftsprache. In: WZUJ 14, 461–465

Fu, Jianling (1997) Sprache und Schrift für alle. Zur Linguistik und Soziologie der Reformprozesse im China des 20. Jahrhunderts. Frankfurt usw.: Lang (asa 28)

Glück, Helmut (1994) Schriften im Kontakt. In: *Günther, Hartmut/Ludwig, Otto* (Hgg.) (1994), 745–766

Grimm, Jakob (1819) Deutsche Grammatik. Erster Theil. Zweite Ausgabe 1822. Göttingen: Dieterich

Günther, Hartmut (1993) Graphetik – ein Entwurf. In: *Baurmann, Jürgen* u.a. (Hgg.) homo scribens. Tübingen: Niemeyer, 29–42

Günther, Hartmut/Ludwig, Otto (Hgg.) (1994) Schrift und Schriftlichkeit. Writing and Its Use. 1. Halbband. Berlin/New York: de Gruyter (HSK 10.1)

Günther, Hartmut/Ludwig, Otto (Hgg.) (1996) Schrift und Schriftlichkeit. Writing and Its Use. 2. Halbband. Berlin/New York: de Gruyter (HSK 10.2)

Holenstein, Elmar (1983) Double articulation in writing. In: *Coulmas, Florian/Ehlich, Konrad* (Hgg.) (1983), 45–62

Jensen, Hans ([3]1969) Die Schrift in Vergangenheit und Gegenwart. Berlin: VEB Deutscher Verlag für Wissenschaften

Karolij, Edeltraud/Nehr, Monika (1996) Schriftspracherwerb unter den Bedingungen der Mehrsprachigkeit. In: *Günther, Hartmut/Ludwig, Otto* (Hgg.) (1996), 1191–1205

Koda, Keiko (1990) The use of L1 reading strategies in L2 reading: Effects of L1 orthographic structures on L2 phonological recoding strategies. In: Studies in Second Language Acquisition 12, 393–410

Kohrt, Manfred (1985) Problemgeschichte des Graphembegriffs und des frühen Phonembegriffs. Tübingen: Niemeyer (RGL 61)

Kohrt, Manfred (1987) Theoretische Aspekte der deutschen Orthographie. Tübingen: Niemeyer (RGL 70)

Kolers, Paul A. (1983) Polarization of reading performance. In: *Coulmas, Florian/Ehlich, Konrad* (eds.) (1983), 371–391

Linell, Per (1982) The written language bias in linguistics. Linköping: University of Linköping Press (Studies in Communication 2)

Maas, Utz (1992) Grundzüge der deutschen Orthographie. Tübingen: Niemeyer (RGL 120)

McLaughlin, John C. (1963) A Graphemic-Phonemic Study of a Middle English Manuscript. The Hague: Mouton

Neuhaus-Siemon, Elisabeth (1996) Aspekte und Probleme des Schreibunterrichts: Erstschreiben. In: *Günther, Hartmut/Ludwig, Otto* (Hgg.) (1996), 1240–1248

Oksaar, Els (1988) Kulturemtheorie. Ein Beitrag zur Sprachverwendungsforschung. Göttingen: Vandenhoeck und Ruprecht

Piirainen, Ilpo Tapani (1968) Graphematische Untersuchungen zum Frühneuhochdeutschen. Berlin: de Gruyter

Pike, Kenneth L. (1967) Language in Relation to a Unified Theory of the Structure of Human Behavior. The Hague/Paris: Mouton (Janua linguarum, ser. maior XXIV); sec. ed. 1971

Stetter, Christian (1994) Orthographie als Normierung des Schriftsystems In: *Günther, Hartmut/Ludwig, Otto* (Hgg.) (1994), 687–697

Tillmann, Hans G./Günther, Hartmut (1986) Zum Zusammenhang von natur- und geisteswissenschaftlicher Sprachforschung: Phonetik und Phonologie. Zeitschrift für Sprachwissenschaft 5, 187–208

Trubetzkoy, Nikolaj S. (1958) Grundzüge der Phonologie. Göttingen: Vandenhoeck und Ruprecht

* Der Verlag verwendet als Schulbuchverlag die neue Rechtschreibung in Übereinstimmung mit deren vorfristiger Einführung in den Schulen durch die Kultusminister. Der Umstand, dass der vorliegende Beitrag in dieser Form erscheint, wäre falsch interpretiert, wenn er so verstanden würde, dass sein Autor sich seinerseits nunmehr den neuen Schreibungen angeschlossen hätte.